Du dépannage
à la justice sociale

Gérard Laverdure

Du dépannage à la justice sociale

Un parti pris pour les exclus

Fides

Données de catalogage avant publication (Canada)

Laverdure, Gérard, 1944-
Du dépannage à la justice sociale : un parti pris pour les exclus
(Collection Cahiers d'études pastorales ; 17)
Présenté à l'origine comme thèse (de maîtrise de l'auteur – Université de Montréal), 1994.
Comprend des références bibliographiques

ISBN 2-7621-1858-1

1. Pauvres, Service aux.
2. Pastorale des pauvres – Église catholique.
3. Pauvreté – Enseignement biblique.
4. Charité.
5. Justice sociale – Aspect religieux – Église catholique.
I. Titre.
II. Collection.

BX2347.8.P66L39 1995 261.8'325 C95-941343-X

Dépôt légal: 4e trimestre 1995
Bibliothèque nationale du Québec

Les Éditions Fides bénéficient de l'appui du Conseil des Arts du Canada
et du ministère de la Culture du Québec.

À tous ceux et toutes celles
qui brûlent du grand feu
de la compassion et qui
consacrent leur vie pour
la justice et la dignité
humaine, rêvant d'étendre
ce feu à toute la terre.

En particulier
à ma compagne et épouse,
Louise, qui œuvre dans
une maison d'accueil
pour femmes violentées.

Présentation

Un parti pris pour les exclus. Il y a de quoi être surpris ou provoqué par une telle affirmation quand on connaît le monde des paroisses et celui des exclus. Pourtant c'est à cet enjeu réel et plus que jamais actuel que Gérard Laverdure nous confronte de façon passionnée et passionnante.

L'auteur de ce livre est un homme de combat et de compassion pour qui la justice sociale et la solidarité avec les exclus sont des options préférentielles. Avant d'être des sujets de mémoire ou de thèse, ce sont des choix de vie. C'est à partir de sa pratique comme responsable de la pastorale sociale au diocèse de Saint-Jérôme que Gérard Laverdure s'est mis en quête de mieux voir et comprendre ce qui se vit dans certaines paroisses par rapport à ceux qu'on appelle des «pauvres» et qu'il préfère appeler des «exclus». Cette entreprise hasardeuse l'a mené à des découvertes simples ou surprenantes qu'il nous partage aussi de façon simple ou surprenante. La réalité qu'il nous fait voir n'est pas qu'un lieu de constatation, elle est aussi un lieu de contestation ou au moins de questionnement. La réalité sociale suscite l'indignation et appelle à prendre parti; la colère et la lutte peuvent aussi être évangéliques. À la suite de Jésus et de Moïse, Gérard Laverdure nous invite à «prendre résolument le chemin des exclus» même si, sans illusion, il constate à quel point il est difficile à prendre et que, selon toute apparence, il demeure un chemin peu fréquenté.

L'auteur, je l'ai déjà dit, est un homme d'action et de passion. C'est à cette passion et à cette action évangéliques qu'il nous convie et qu'il aimerait bien nous faire partager. Ce livre suscitera sûrement des questions, des réactions ou des résistances. Il touche à trop de choses fondamentales concernant la foi et la pratique chrétiennes pour qu'il n'en soit pas ainsi. C'est ce qui en fait sa valeur et son actualité. C'est aussi ce qui en fait son intérêt car bien des gens y trouveront leur compte: celles et ceux engagés dans les luttes pour la justice mais aussi les autres qui se demandent si la foi chrétienne n'implique pas essentiellement un changement d'horizon et de pratique.

Jean-Marc Gauthier

Introduction

> Si votre justice ne dépasse pas celle des scribes et des pharisiens, vous n'entrerez pas dans le royaume de Dieu.
>
> *Mt* 5,20

L'option préférentielle pour les pauvres et l'engagement pour la justice sociale sont les deux facettes d'une même option fondamentale qui s'inspire des choix de Jésus pour réaliser sa mission, des prises de position des prophètes et qui s'inscrit dans la tradition prophétique de l'Église. Cette option et cet engagement visent une transformation en profondeur de la société à partir du point de vue, des besoins et des droits des exclus. S'engager ainsi demande une capacité de percevoir les injustices sociales et de s'en indigner, une volonté de prendre parti pour la cause des exclus, de se solidariser avec eux au point de s'identifier à eux.

Rares sont les chrétiens qui adoptent cette forme de solidarité sociale. En effet, l'indignation, la colère, l'engagement dans une cause sociale aussi bien que la contestation des pouvoirs et de leurs représentants ne sont pas constituantes de l'identité chrétienne et ne sont pas intégrées dans la pratique courante. De grands témoins de la justice sociale comme Mgr Willie Romélus (Haïti), Mgr Oscar Romero (Salvador), Rigoberta Menchu (Guatémala) prix Nobel de la paix 1992, Dom Elder Camara (Brésil), Bartolomé de Las Casas, dominicain «prophète des droits de l'homme» au temps de l'invasion espagnole en

Amérique, sont des prophètes méconnus pour notre temps. Avec des centaines d'autres artisans et artisanes de justice ils ont été persécutés par les pouvoirs politiques et économiques et souvent mis sous le boisseau par les autorités religieuses. Par contre, les apôtres de la charité, eux, sont bien connus de tous et louangés par toutes les autorités. C'est dire la préférence d'engagement des autorités.

Au Québec, depuis des générations, des «œuvres de charité» ou «œuvres de bienfaisance» se sont développées. C'est une pratique de solidarité essentielle qui trouve sa motivation profonde dans le commandement de Jésus à ses disciples: «Tu aimeras ton prochain comme toi-même.» (*Mt* 22,39) Le jugement dernier (*Mt* 25,31-46) et les béatitudes (*Mt* 5) en donnent les grands axes d'application. En Église, cette pratique prend surtout la forme de l'aumône à l'occasion des quêtes spéciales, et des dons de vêtements et de nourriture via les ouvroirs. Elle s'exprime aussi par la participation à des souscriptions publiques pour diverses causes, comme celle de Centraide.

Mais dès les premières communautés chrétiennes le partage matériel a pris des formes plus radicales. Comme il est rapporté dans les Actes des Apôtres: «et nul ne disait sien l'un quelconque de ses biens, mais tout leur était commun» (*Ac* 4,32). C'est ce que l'on retrouve aujourd'hui dans les communautés religieuses et certaines communautés de base. Mais les disciples de Jésus ne sont-ils identifiables que par le partage matériel? Aimer les autres comme soi-même ou s'aimer les uns les autres à la manière de Jésus n'implique-t-il pas d'aller bien au-delà du partage matériel? Jésus s'est compromis avec ceux que son Dieu aimait particulièrement: les pauvres, les exclus, les humiliés. N'est-ce pas aussi le chemin suivi par Moïse? Prendre ainsi le parti des exclus et confronter les pouvoirs qui excluent, surtout ceux qui le font au nom de Dieu, n'est-ce pas aimer à la manière de Jésus et le suivre jusqu'au bout? Cette manière d'aimer a toujours suscité résistance et désarroi parmi les disciples de Jésus... en ce temps-là comme aujourd'hui.

Malgré des traditions de justice sociale toujours vivantes comme l'Action catholique et Développement et Paix, malgré les nombreuses prises de parole des évêques canadiens sur des enjeux sociaux ou l'exemple de plusieurs communautés religieuses, malgré les actions et interpellations de plusieurs militants de la justice sociale, les communautés chrétiennes restent à l'écart des grands enjeux de justice sociale et des actions de transformation sociale.

C'est pourquoi les efforts des paroisses par rapport à la pauvreté étant massivement orientés vers le dépannage, j'ai cherché, comme responsable diocésain de pastorale sociale, des moyens pour rendre visibles les injustices sociales et susciter des questions sur leurs causes. Un conseil diocésain de justice sociale a même été mis sur pied, avec des représentants de plusieurs groupes de solidarité, afin d'analyser les modalités de solidarité existant déjà en paroisse et d'identifier les résistances ou obstacles limitant l'accès à des pratiques de justice.

Voici d'ailleurs quelques questions qui se posaient sur les modes de solidarité vécus en paroisse: qu'est-ce qui empêche les équipes pastorales de percevoir l'appauvrissement autrement qu'en drames individuels? Qu'est-ce qui les empêche de voir la pauvreté comme un phénomène social, résultant de politiques et de pratiques économiques? Qu'est-ce qui les empêche de comprendre ce problème majeur en termes d'injustice sociale? Pourquoi n'en chercheraient-elles pas les causes et les mécanismes? Pourquoi refuseraient-elles de se mêler des enjeux sociaux de justice et d'établir des solidarités avec les exclus? Serait-ce par manque de formation à l'analyse sociale? Serait-ce en lien avec une lecture intimiste de la vie de Jésus, sans lien avec les institutions et les enjeux sociaux de son temps, donc du nôtre?

Pourtant, le contexte social actuel présente des enjeux majeurs qui interpellent toute personne engagée à vivre l'Évangile. La valeur des êtres et des vies se mesure à ce qu'ils rapportent économiquement et la performance administrative des pays est évaluée en fonction des profits qu'ils facilitent aux entreprises. Des classes sociales entières — les jeunes, les petits travailleurs, les assistés sociaux et surtout les femmes — s'appauvrissent et sont marginalisées. Si c'est bien légitime de faire un projet de pays, on peut se demander aussi légitimement: à qui va-t-il profiter?

En même temps que le journal *Les Affaires* rapporte dans son édition spéciale de juin 1995 que cette année fut «une année exceptionnelle au chapitre des profits[1]», il n'y a jamais eu autant d'assistés sociaux et de chômeurs au Canada et au Québec... N'est-ce pas étonnant? Dans ce contexte on pourrait s'attendre à retrouver un

---

1. *Les Affaires*, «Les 500 plus importantes entreprises au Québec. Édition 1995», p. 22.

renforcement des préoccupations sociales et des questions sur les règles du jeu de l'économie. Surtout dans les paroisses où la Bonne Nouvelle de Jésus-Christ ne cesse de nous dire que le projet de Dieu pour l'humanité va dans l'autre sens que celui de la société. Pourtant, presque personne ne semble se poser de questions sur la permanence et la gravité des injustices. Pas plus qu'on en pose ensemble à l'Évangile à partir de ces situations...

Les chrétiens, comme les autres, baignent dans un environnement social qui les marque profondément, bien au-delà de ce qu'on pourrait imaginer et souhaiter. Les élites économiques et politiques orientent et conditionnent les populations dans le sens de leurs intérêts. Ainsi elles magnifient les œuvres de charité et les supportent généreusement mais ignorent ou discréditent les groupes qui cherchent la justice. Car ce qui est en cause ici ce sont les règles du jeu économique, règles établies par les pouvoirs dominants et leurs alliés à l'échelle de la planète.

Je me souviens comment les évêques canadiens se sont fait rabrouer par les dirigeants politiques et économiques de ce pays quand ils se sont mêlés des règles du jeux dans leur déclaration sur la crise économique intitulée *Jalons d'éthique et réflexions sur la crise économique actuelle* en 1983. Déjà ils parlaient d'une «crise structurelle profonde du système capitaliste international». Ils furent traités d'incompétents en ces matières et priés de s'occuper de «religion»... à l'église. Ils avaient touché les bonnes cibles. Les évêques du Québec en particulier ont fait de nombreuses déclarations publiques mettant l'Évangile en rapport avec des questions de justice sociale. Mais peu de membres de l'Église s'en inspirent et passent de la parole aux actes...

Il n'est donc pas étonnant de retrouver ce climat qui magnifie la charité au détriment de la justice sociale dans les paroisses. Pourtant ces engagements ne s'opposent pas dans la vie de Jésus. N'est-ce pas l'identité chrétienne elle-même et la mission évangélisatrice de l'Église qui sont ici en cause? Le courant prophétique de l'Église serait-il étouffé sous le poids de l'Institution et de sa vision rassurante de la pratique chrétienne? Serait-il invalidé par une compréhension des signes des temps trop dépendante de celle des élites néo-libérales? Serait-il paralysé par la peur et les amitiés avec les notables?

Les chrétiens seraient-ils réduits à aimer, à être solidaires des exclus, sans rien comprendre de ce qui se passe dans le monde? Quels visages de Jésus et de ses solidarités sociales vont-ils présenter au monde d'aujourd'hui? De quelle espérance peuvent-ils être porteurs s'ils n'ont pas partagé, de quelque manière, la désespérance des opprimés et des torturés? Jusqu'où les paroisses doivent-elles aller dans leur responsabilité d'évangéliser? Le Comité de théologie de l'Assemblée des évêques du Québec exprime bien cet enjeu dans son document sur l'engagement des communautés chrétiennes:

> Comme processus de rencontre entre le donné historico-social et la proposition de Jésus le Christ, l'évangélisation se fait au cœur des possibilités du monde et au creux de ses contradictions. Plus que l'annonce d'une doctrine, elle est une pratique qui cherche à rendre visible l'amour de Dieu sur les chantiers d'une libération humaine intégrale. Ainsi, quand nous parlons de l'engagement social des communautés, l'enjeu que nous mettons en cause, c'est celui de l'évangélisation[2].

Avec ces diverses questions j'ai rencontré plusieurs équipes pastorales de paroisses, les bénévoles de quelques comités de dépannage et de maisons de quartier. Nous avons échangé sur leurs pratiques de solidarité avec les pauvres, leur perception des pauvres et de l'appauvrissement, de même que sur la perspective pastorale de leurs actions de solidarité. Pour chacun des visages de solidarité découverts j'ai mis en évidence des obstacles et des ouvertures vers des pratiques de justice sociale. C'est ce dont rend compte le premier chapitre.

Au chapitre suivant je regroupe et j'analyse plus profondément les divers obstacles identifiés, en particulier les contraintes du cadre institutionnel et les difficultés de prendre parti. Puis j'identifie des exigences fondamentales pour s'aventurer sur le terrain de la justice sociale: un parti pris radical pour les exclus, une capacité d'indignation et de colère devant les injustices et une acceptation des risques inhérents à une option source de contestation et de division. Ce qui ne va pas de soi dans le milieu observé. Malgré l'existence de deux traditions fortes de justice sociale dans l'Église, soit l'action catholi-

---

2. Comité de théologie de l'Assemblée des évêques du Québec, *L'engagement des communautés chrétiennes dans la société*, Fides, 1994, p. 69. Ce document, court et facile d'accès, constitue une excellente réflexion théologique sur l'engagement social de l'Église.

que et Développement et Paix, s'indigner et prendre parti ne sont pas monnaie courante dans l'Église.

Au troisième chapitre, j'ai fait une relecture des pratiques sociales de Jésus et de Moïse pour en préciser les orientations, les étapes et les motivations. Albert Nolan m'a servi de guide pour interpréter les positions et pratiques de Jésus dans le contexte social de son temps. Ces pratiques de Jésus et Moïse sont marquées par un parti pris pour les exclus et une contestation des pouvoirs civils et religieux. La motivation profonde de ces grands prophètes se retrouve dans le grand feu de compassion qui brûle en eux comme un buisson ardent et où Quelqu'un de plus grand qu'eux les envoie.

Le chapitre suivant propose quelques pistes réalistes pour une intervention pastorale d'ensemble, dans les Église diocésaines afin de les amener à s'engager davantage sur les chemins de la justice sociale, en solidarité avec les exclus. Pour retrouver ces chemins en Église, ne faudra-t-il pas retrouver notre feu intérieur et oser s'approcher du «buisson ardent»? Ne faudra-t-il pas renouer avec nos capacités d'indignation et de colère? Ne faudra-t-il pas aussi reprendre le chemin des pauvres et des exclus, en Église, pour comprendre l'histoire et la société de leur point de vue? Ne faudra-t-il pas réviser en profondeur nos pratiques et priorités pastorales à la lumière des réalités humaines et des enjeux sociaux d'aujourd'hui? Ne faudra-t-il pas remettre en question nos images de Jésus en regardant attentivement du côté de ses prises de positions sociales et de ses pratiques de justice?

La cinquième et dernière étape est constituée par une prospective qui ouvre des voies d'avenir et d'espérance.

Voici maintenant une brève définition de concepts clés qui jalonnent notre parcours.

> **PAUVRES**: Le terme est à prendre avant tout dans son sens économique et collectif, soit les groupes sociaux qui manquent des biens et des soins essentiels à la vie, selon le contexte social. Les «seuils de pauvreté» varient et sont établis en fonction de l'environnement socio-économique. À cause de leur situation d'exclus sociaux, les pauvres subissent en plus le jugement, le mépris, la discrimination et l'humiliation[3].

3. «La lecture de l'Écriture et la langue de tous les jours me fournissent une définition claire et simple: les pauvres sont les personnes économiquement désa-

EXCLUS: Les personnes et les groupes sociaux marginalisés, expulsés, donc exclus, de l'essentiel des rapports sociaux, culturels, économiques et politiques, dans une société donnée. Ce terme implique que ces personnes ne sont pas sujets de leur exclusion mais qu'elles subissent les effets excluants des pratiques économiques dominantes (capitalisme), des politiques des gouvernements (néo-libéralisme), des idéologies (intégrisme, sécurité nationale) et des structures sociales s'y rattachant. Le choix des termes pour parler de pauvreté n'est pas neutre. Des expressions comme «exploités», «opprimés», «marginalisés», synonymes d'exclus, réfèrent à une compréhension politico-économique de l'appauvrissement. Alors que des termes comme «pauvres», «petits», «démunis», «malheureux», «malchanceux» font référence au destin individuel ou au hasard et aux déficiences personnelles des pauvres. Je considère donc le terme d'exclus plus juste.

JUSTICE SOCIALE: Une vision idéale de l'organisation sociale où chacun, groupe social et individu, peut prendre une place pleine et entière, avec responsabilité et dans le respect de sa dignité et de sa liberté. C'est une dynamique toujours en mouvement, comme marcher. Cette vision implique dans les consciences un sens de la justice et de la dignité humaine, une éthique.

ANALYSE SOCIALE: Une méthode de compréhension des enjeux sociaux par l'analyse des forces (pouvoirs) et des intérêts qui influencent la société au plan politique, économique, idéologique et historique. Analyser avec méthode permet de dépasser des impressions, des préjugés, ou les «discours dominants» pour aller au fond des choses et comprendre.

---

vantagées, matériellement démunies, et qui par conséquent connaissent l'impuissance, l'exploitation et l'oppression.

«Être pauvre, c'est avoir faim, c'est n'avoir ni abri ni vêtements décents, c'est être privés de service d'éducation et de soins de santé adéquats, c'est être chômeur, vivre en marge de la société, se sentir exclus des décisions qui vous regardent, dominé par des forces extérieures, incapable de résoudre les problèmes de l'existence quotidienne, victime de discrimination.» (Peter J. Henriot, *Option justice*, Éditions Paulines, 1994.)

PASTORALE SOCIALE: Action organisée de l'Église, visant à transformer la société dans le sens des valeurs évangéliques dont la justice sociale, la liberté, la solidarité et la dignité des personnes.

COMPASSION: L'amour qui s'exprime par une solidarité telle que la personne compatissante s'identifie avec la personne ou les groupes favorisés par son élection.

PRENDRE PARTI: C'est ne pas rester neutre dans des situations de conflits ou d'injustice sociale mais prendre position en faveur des personnes ou groupes sociaux qui sont victimes d'oppression et d'exclusion sociales. Ce n'est pas un parti pris à la pièce, selon les circonstances, mais une option de fond, permanente, qui nous solidarise avec les exclus de toute sorte en vue de leur libération, du respect de leurs droits et de leur dignité.

CHAPITRE PREMIER

Les multiples visages de la solidarité

L'objet de ce livre consiste donc à comprendre pourquoi les paroisses sont si absentes des questions de justice sociale et à proposer des chemins pour s'y rendre. Dans ce premier chapitre il s'agit de voir quelles sont les modalités de solidarité des paroisses avec les exclus, leurs motivations, le sens de leurs interventions et la perspective pastorale. De plus il est important de connaître la perception des pauvres et de la pauvreté, comme la perception du rôle de l'Église dans cette question, chez les intervenants en pastorale et chez les bénévoles des comités de dépannage.

L'observation s'est faite sous forme d'entrevues semi-directives, individuelles et de groupes, d'une durée d'une heure et demie à deux heures. Six paroisses, soit une par zone pastorale, ont été choisies au hasard. Dans chaque paroisse l'équipe pastorale (le responsable seul pour une paroisse) et le comité de dépannage (dans deux paroisses) ont été rencontrés séparément. Dans deux paroisses, les membres du comité paroissial de pastorale (CPP) étaient présents.

Il existe plusieurs «maisons de quartier[4]» sur le territoire du diocèse de Saint-Jérôme. La découverte de liens étroits, surtout à

---

4. Ce sont des maisons, surtout situées en milieu populaire, qui accueillent les personnes en difficulté et leurs proposent des activités de formation et de connaissance de soi. L'implication des personnes accueillies, donc la responsabilisation,

leur origine, entre ces maisons et la paroisse, m'a conduit à réaliser des entrevues avec deux équipes d'animation et des membres de ces maisons afin de situer cette initiative par rapport au dépannage et à l'approche de justice sociale. Enfin, trois responsables de communauté, deux hommes prêtres et une femme, reconnus pour leurs engagements sociaux, ont été interviewés individuellement. Finalement une soixantaine de personnes provenant d'une dizaine de paroisses ont été rencontrées. Il y a 68 paroisses dans le diocèse de Saint-Jérôme.

Les pointes d'observations retenues veulent révéler la présence d'obstacles et d'ouvertures par rapport aux pratiques de justice sociale comme l'analyse sociale des causes et l'action sur les structures socio-politiques et économiques.

Des engagements sociaux dans l'Église de Saint-Jérôme

Il est important de situer la question des pratiques de pastorale sociale dans les traditions de solidarité de l'Église de Saint-Jérôme pour mieux saisir la situation présente. Il y a eu comme actions collectives de solidarité des précédents historiques célèbres avec l'appui ferme de l'évêque: l'implication socio-politique, contestée de l'intérieur, de ses membres de gauche dans l'aventure «Regent Knitting-Tricofil» (début des années 1970), l'implication de l'évêque et de paroissiens dans la défense des droits des expropriés de Mirabel (1969-1985), l'implication du diocésain et de quelques responsables de paroisses dans l'ouverture d'un «Centre de la famille» régional à Saint-Jérôme (1967) et dans le regroupement des assistés sociaux sous le nom de «Jean Narrache». Sans parler de l'implication fréquente des paroisses, dans les années 1950 et 1960, pour appuyer des syndicats en grève, en lien avec l'Action catholique ouvrière[5]. Ces temps de solidarité semblent révolus.

---

l'accompagnement psychologique et spirituel et le travail d'équipe y tiennent une place importante. L'objectif de fond étant que la personne se remette debout, se prennent en charge et puisse se réinsérer socialement. Quelques-unes ont une perspective et des actions dans le sens de la justice sociale.

5. Selon le témoignage de Paul-André Boucher, qui fut longtemps militant dans la Ligue ouvrière catholique ces années-là et président du syndicat de la Regent Knitting à Saint-Jérôme, usine où s'est vécue l'expérience de cogestion Tricofil.

Plus récemment, au début des années 1980, il y a eu l'accueil d'un flot de réfugiés (autour de 400) en provenance du Vietnam et du Cambodge. Cette opération d'envergure a suscité des engagements de parrainage sur plusieurs années par un très grand nombre de paroisses. À souligner enfin l'implication, en 1989, de toute une paroisse dans la problématique du sida à partir de l'accueil par le curé d'un jeune atteint de cette maladie. N'oublions pas de nombreuses présences «ecclésiales» sur les CA de groupes sociaux ou d'institutions sociales (CLSC, Centre de la famille, Centraide, Centres d'accueil, cégep).

À la fin des années 1980, l'évêque du diocèse, le service de pastorale sociale et le Centre de formation ont pris plusieurs initiatives sur des questions sociales chaudes. Une session spéciale de formation pour tous les agents de pastorale du diocèse a eu lieu à l'automne 1990, afin de réaliser une analyse sociale de la crise amérindienne tout en s'initiant à cette méthode. Guy Paiement en était la personne ressource. Des rencontres ont suivi avec les équipes pastorales de la région d'Oka. Par ailleurs, trois sessions de formation sur la violence conjugale, «La violence en héritage», ont été réalisées avec une équipe d'animation de l'AÉQ. Enfin, une journée diocésaine sur les nouveaux visages de la pauvreté a été organisée en collaboration avec Centraide et une autre sur les agressions sexuelles. Malgré toutes ces initiatives de formation la pastorale sociale ne s'est pas développée en paroisse, sauf exception. Devant les contraintes budgétaires, le personnel diocésain affecté à la pastorale sociale a vu son temps réduit...

Charité informelle

L'observation a mis en évidence des différences d'organisation entre les paroisses rurales et les paroisses des villes. En effet dans l'une des deux paroisses rurales observées, le personnel pastoral se limite à un seul curé, âgé, qui y travaille à temps partiel; dans l'autre, il y a un curé, très âgé (73 ans), à temps plein et une agente de pastorale scolaire à temps partiel. Il n'y a pas de conseil de pastorale paroissiale (CPP) ni de comité de dépannage. Le comité de liturgie fait office de comité d'entraide et le curé connaît personnelle- ment peu de familles pauvres. L'aide matérielle (nourriture, vêtements) se fait en collaboration avec les Chevaliers de Colomb, le club Optimiste et les Filles d'Isabelle qui font des visites à domicile. Même le club de chasse et pêche s'en mêle en organisant un dépouillement d'arbre de Noël à chaque année.

Le réseau d'entraide informel s'établit par contacts personnels, des membres de ces clubs ou mouvements siégeant au conseil de fabrique ou au comité de liturgie. De sorte que la préoccupation des pauvres est portée par ces quelques personnes dans une optique de charité. Cette charité s'exprime par la guignolée, le dépouillement d'arbres de Noël, le «tronc des pauvres» à l'église ou le «compte des œuvres de charité». La tradition d'activités communautaires pour aider les pauvres se maintient.

La perception des pauvres et de la pauvreté

Lors des entrevues avec les responsables de ces paroisses, la discussion part d'abord sur les préjugés habituels: «Il y a des familles au crochet du BS depuis que ça existe. Il y a des problèmes d'alcoolisme. Les enfants sont pareils.» Ou bien: «Il y en a qui trichent, qui donnent deux adresses.» Mais rapidement la description des pauvres faite par ces curés âgés devient plus nuancée et même compréhensive: «Les gens se débrouillent beaucoup, ils s'entraident.» Ou: «Il y a des enfants qui exploitent leurs parents et les appauvrissent», ou encore: «La maladie leur enlève du “pep”» et «La pauvreté c'est vivre seul et malade». Enfin: «Ils ont leur fierté.» Toutefois cette perception n'est pas une connaissance de première main mais provient des commentaires des bénévoles qui s'en occupent car les curés n'ont pas le temps de faire des visites à domicile.

Lorsqu'il est question des causes de la pauvreté, l'accent est mis davantage sur la responsabilité personnelle, même si la cause économique est évoquée au passage par le chômage saisonnier, le manque d'ouvrage en général et la fiscalité injuste. Ainsi vont les commentaires: «Ils sont naïfs, ne font pas de budget», «Ils manquent d'organisation des dépenses», «Il y a beaucoup de familles monoparentales et de familles reconstituées». Ces remarques sont des bribes d'explication aucunement rattachées à une compréhension globale et un discours articulé.

La perspective pastorale

L'action pastorale se situe dans la perspective d'œuvres caritatives (donner nourriture et vêtements) et une présence du Christ à assurer auprès des pauvres par le ministère presbytéral.

> C'est important de refléter le Christ auprès de tout le monde... Le sens de mon ministère presbytéral c'est d'être près des gens et faire penser à Jésus. Rayonner la joie de mes convictions.

Il y a insistance sur le renouvellement des valeurs, surtout familiales, et un retour à l'Église. «Un couple qui avait laissé l'Église et que j'ai aidé financièrement est revenu à l'Église», «Les parents n'ont pas le sens de l'Église». Sur la famille, l'agente de pastorale dira:

> Tout passe par la famille, le bon comme le mauvais. Il y a besoin de rééducation sur le plan familial. Des parents avec d'autres principes, un équilibre des valeurs. C'est un gros projet de réévangélisation.

Un des curés précisera que l'enseignement social de l'Église est trop compliqué pour du monde simple et peu instruit comme ses paroissiens. Pour l'autre la perspective «morale» détermine le rôle social de l'Église qui doit responsabiliser les individus. «Si tu veux ton salaire, travaille pour», ou «Il ne faut pas vivre au-dessus de ses moyens et accepter ses limites, sa pauvreté». Alors il faut prier pour avoir un emploi ou «changer la pauvreté en bonheur»... par la foi.

> L'Évangile enseigne le détachement de tout ce qui peut m'empêcher de voir Dieu qui est la vraie source du bonheur. La pauvreté nous aidera à mieux apprécier les vraies richesses: nos enfants, le soleil. Mais c'est un don une foi comme cela.

Pourtant, dans le contexte de la recherche-action[6] à laquelle ils

6. Comme je ferai référence quelques fois à la recherche-action réalisée par le diocèse de Saint-Jérôme en collaboration avec la Faculté de théologie de l'Université de Montréal, en voici les grandes lignes. Cette recherche émane des préocupations des services diocésains devant les difficultés de compréhension entre le monde et l'Église. L'Église comprend mal les préoccupations et le langage du monde et parle elle-même un langage hermétique centré sur ses propres préoccupations d'où l'objectif principal de la recherche-action qui est de connaître le profil socio-religieux du monde afin d'adapter, dans un deuxième temps, les pratiques pastorales aux réalités du monde actuel. Le bilan de cette vaste enquête se retrouve dans *Le défi des générations* (Fides, 1995).

réfèrent, les deux curés parleront de la nécessité d'aller vers le monde, d'être avec les gens, «faire comme le travailleur social qui visitait les familles». Mais la fatigue et la maladie pour le plus vieux, la surcharge de travail (couvrir trois paroisses) pour l'autre et, globalement, la priorité donnée aux sacrements et à la liturgie contribuent à les garder éloignés des terrains de pauvreté et des pauvres.

Profitant de cette remarque sur la nécessité d'être proche des gens, l'intervenante en pastorale scolaire affirmera qu'il faut «revoir notre vision de l'Église et du travail pastoral». «Aller vers les gens plutôt que de les attendre à l'église. Il y a des couples qui s'entraident et se rencontrent. Pas faire des sermons mais causer avec le monde.» C'est l'orientation qu'ils ont donnée au lancement pastoral dans la paroisse. En dehors de son travail en Église, cette intervenante tient un dépanneur qui est un lieu privilégié d'écoute et d'action pastorale: «Ils posent plein de questions lorsqu'on est identifié à l'Église. Je fais donc beaucoup de pastorale dans mon dépanneur à écouter et jaser.» Une initiative intéressante vers une plus grande solidarité avec les gens du milieu et les pauvres en particulier.

Obstacles et ouvertures

Tout au long de ce chapitre, après chacun des groupes rencontrés, je vais dégager d'une part ce qui me semble être des opportunités ou ouvertures vers des solidarités de justice sociale, et d'autre part, ce qui me semble des obstacles ou des résistances.

Des entrevues avec les deux curés de ces paroisses rurales et l'intervenante en pastorale, il ressort:

Obstacles:

- — Les curés sont surchargés par le ministère dominical (un d'entre eux desservant trois paroisses).
- — Les responsabilités individuelles des personnes pauvres sont davantage perçues et affirmées que les causes sociales. Faute d'analyse, il y a spiritualisation des problèmes sociaux.
- — Les priorités pastorales vont à la liturgie et aux sacrements.
- — L'enseignement social de l'Église est jugé «trop compliqué pour des gens simples et peu instruits».

Ouvertures:

— Malgré quelques préjugés, la perception de la pauvreté et des personnes pauvres est nuancée et inclut des éléments socio-économiques comme le manque de travail.

Charité organisée

Les quatre autres paroisses observées sont des paroisses urbaines. Elles ont, en général, des équipes pastorales plus importantes, allant de trois à quatre personnes, incluant le responsable. Trois d'entre elles ont un conseil de pastorale et les quatre ont un comité de dépannage plus ou moins organisé. L'entraide se fait donc par l'entremise de ces comités de bénévoles qui se coordonnent entre paroisses et avec d'autres organismes du milieu: CLSC, Chevaliers de Colomb, club Optimiste, Centraide, Moisson Basses Laurentides. Les fonds et la nourriture sont recueillis lors d'une guignolée annuelle, d'une activité bénéfice ou d'une demande directe aux paroissiens.

Ces paroisses ont donc des comités de dépannage mais deux seulement sont bien structurés avec une responsable. Ces deux équipes offrent des services d'accueil, de «counselling» général et de visites à domicile. Elles regroupent surtout des femmes dans la quarantaine et plus. En général les motivations d'implication touchent le besoin personnel de s'occuper, de se sentir utile, de rendre service. Ces motifs évoluent avec le temps pour plusieurs personnes. Ainsi l'une dira: «J'ai découvert leurs problèmes en parlant avec elles. Là je suis heureuse de leur rendre service.»

La perception des pauvres et de la pauvreté

La réalité des personnes pauvres reste théorique pour les bénévoles qui ne font pas de visite à domicile. La perception est plus globale. On entend alors le discours habituel sur les pauvres: «Les malchanceux de la vie», «Les gens sur le BS», «Il y a ceux qui veulent s'en sortir et ceux qui profitent du système».

Mais lorsqu'il y a visite, les besoins se précisent. «La grosse différence de contact c'est dans la visite à domicile. C'est plus intime. Je demande un café. Si on écoute bien on sait tous leurs problèmes.» La proximité et l'expérience des situations de pauvreté permettent une meilleure compréhension des situations individuelles mais ne favorisent pas l'ouverture sur les causes sociales. En effet, pour les bénévoles de ces comités, les causes de la pauvreté se situent surtout chez les personnes assistées: «La situation de monoparentale avec enfants mène au BS.», «La maladie...» ou «Comment ils ont été élevés. Le BS de père en fils. C'est héréditaire pour certains.» Ou encore: «Ils manquent d'instruction ou de débrouillardise.» Enfin: «Les gens vivent au-dessus de leurs moyens.»

Toutefois, lorsque la question des causes socio-politiques est clairement posée, il y a des réponses toutes prêtes. Dans les deux groupes où se trouvent les leaders plus articulés, ces causes socio-politiques et économiques ont pris plus d'importance. On invoque la récession et le manque de travail: «Tout le monde paye pour la récession. Les gens ont des forces et des outils mais pas de travail.» Ou bien on note que «les salaires sont trop bas». Le gouvernement y passe aussi: «Les gouvernements vivent au-dessus de leurs moyens.» Enfin on pointe le système économique: «Le système ne veut pas que les pauvres fassent plus d'argent. Le système les garde pauvres.»

Sans être articulées en système idéologique ou en grille d'analyse aux élements interreliés, ces raisons démontrent une capacité de perception de l'apport important de l'environnement social dans le processus d'appauvrissement. Mais dans la pratique l'objectif est de répondre aux besoins matériels et affectifs, de soulager la misère.

La perspective pastorale

Lorsqu'il est question du rôle de la religion par rapport à la pauvreté, les réponses se concentrent sur une perspective de «charité chrétienne». «La religion les a toujours aidés: secours direct, Saint-Vincent-de-Paul, etc.» ou «Aider les pauvres... ç'a toujours été fait par l'Église. Les prêtres payaient pour éduquer des enfants pauvres.» L'approche traditionnelle de «faire la charité» est donc omniprésente.

Dans un comité de dépannage, l'aspect pastoral de l'entreprise devient visible par des références directes à Jésus ou à la Bible. C'est une initiative des responsables qui ont suivi des sessions de formation en pastorale.

> On fait de la pastorale au comptoir sans en avoir l'air. On laisse une petite carte «Jésus t'aime» avec notre numéro de téléphone.

On donne aussi une feuille de réflexion à partir de la Bible faite par mon mari. Une personne droguée a été rejointe par ça et elle nous a rappelés.

Mais lorsqu'il est question de la bonne nouvelle apportée aux pauvres, le registre des réponses change pour aller vers d'autres valeurs, surtout l'amour et l'espoir. «On apporte l'espoir, des valeurs comme le respect, la charité» ou: «Jésus les aime assez pour mettre sur leur route des gens pour les aider. Ils ne sont pas seuls.» Un autre affirme: «Il y a manque d'amour dans le monde car c'est le pouvoir et l'argent qui prennent toute la place. On apporte espoir et amour au monde.»

D'ailleurs plusieurs membres ont conscience d'être identifiés à l'Église car le local de dépannage y est situé et les appels passent souvent par le presbytère. Ils en sont fiers. Et le sentiment de remplir une mission est surtout véhiculé par les responsables des deux groupes qui font des visites à domicile. Comme l'exprime bien l'une d'elle: «On est des missionnaires, nous. Ca me fait penser au chant "Nouer son tablier". Je me demande toujours ce que Jésus ferait à ma place.» Il se développe donc une conscience d'être l'Église en mission dans le monde: «Je suis aussi l'Église, moi. C'est pas juste au pape et aux évêques à faire de quoi, c'est à nous aussi.»

Les positions sociales de l'Église sont en général inconnues sauf pour une des responsables qui en a entendu parler un peu lors d'une rencontre du Cursillo sur la responsabilité des laïques. Toutes les personnes se rappelaient d'*Humanœ Vitœ*...

Pourtant les participantes ne sont pas fermées à des interventions de justice sociale, car lorsque je demande si l'on doit dénoncer les injustices et aller sur le terrain politique, c'est encore une responsable de groupe qui prend les devants pour approuver: «C'est aussi notre devoir de dénoncer les injustices. Dénoncer ce qui va contre les valeurs de la famille.» Les autres manifestent leur accord. Il y a ensuite référence à la campagne «action pour la justice fiscale» et à Mgr Drainville d'Amos qui se prononce sur la terre à protéger dans sa région et dans l'affaire Chantal Daigle.

Les réticences viennent du fait que l'action politique fait peur et demande toute une préparation. «C'est pas évident car plusieurs ne sont pas capables de le faire. Ils ont peur des conséquences ou ne croient pas au politique.» La même leader ajoutera que c'est mal vu, ici, de faire de la politique. Le responsable du comité de la Saint-

Vincent-de-Paul, pour sa part, est bien d'accord que les évêques prennent des positions sociales car il trouve que «l'Église connaît bien plus les pauvres que les politiciens». Mais il ne sait pas quoi faire lui-même.

Il devient de plus en plus évident que les trois responsables, leaders dans leur groupe, ont des motifs plus directement reliés à leur foi et plus ou moins articulés autour de leur «mission» d'Église. Une mission essentiellement de charité centrée sur la personne de Jésus. «C'est important de faire la charité chrétienne.». «J'accueille ici en Église. Ça fait partie de l'Église. C'est ma mission. J'ai la foi et je crois à l'entraide.» Une des responsables m'a même remis un poème-prière qui exprime bien l'esprit dans lequel elle travaille et les liens fraternels qui l'unissent aux pauvres:

LES DÉMUNIS... MES AMIS

J'ai vu au bout de leur souffle
se former le nœud de la misère.
De leurs têtes fatiguées
j'ai vu se ployer l'humiliation,
la honte de la pauvreté.
De leurs yeux éplorés,
j'ai vu couler les larmes du désespoir,
j'ai entendu ces «pourquoi», ces «comment»,
au nom de leurs enfants.

J'ai vu aussi des détresses profondes
servir de vêtements,
la solitude liée à leurs tourments.

J'ai vu surtout cet appel à l'amour.
J'ai vu Jésus abandonné de ses amis, de ses frères.
J'ai perçu mon Seigneur
au plus profond de leur cœur.
J'ai senti ce besoin criant
de tendre la main, d'ouvrir mes bras,
de susciter en eux des lueurs d'espoir.

Je ne sais pas toujours
que faire, que dire
pour leur rendre un sourire.

Par mes prières
le ciel chante en mon âme,
m'inonde de sa lumière
tout en guidant mes pas.

Je ne puis éteindre la misère,
mais l'atténuer, déjà,
est une source de joie.
Ouvrir mon cœur tout grand
pour accueillir une confidence,
une plainte silencieuse
que mes yeux seuls ne sauraient voir.
Ouvrir mes bras simplement,
dans un geste d'amour
et leur dire «je vous aime»
et surtout «Jésus vous aime».

À les aimer
j'ai pacifié mon âme.

Suzanne Jasmin
mars 1991

Ce témoignage émouvant illustre bien la profondeur de certains engagements de même que l'approche pastorale et la spiritualité proposée par les leaders des groupes d'entraide: l'amour en gestes concrets. Dans l'autre, blessé, abandonné, c'est Jésus qui est rencontré et c'est en son nom qu'elles accueillent et aiment. Une solidarité réelle, comme un parti pris du cœur, les unit. C'est toute la différence par rapport à un service public. Deux des responsables ont fait plusieurs années de cheminement spirituel dans le mouvement Cursilliste et, de leur propre dire, cela a contribué à les situer ainsi comme à les ressourcer dans leur engagement.

Obstacles et ouvertures

Des entrevues avec ces trois comités de dépannage des paroisses urbaines se dégagent les obstacles et ouvertures suivants:

Obstacles:

- Chez la majorité des membres, ce sont d'abord les causes personnelles de la pauvreté qui sont perçues.
- Les positions sociales de l'Église sont généralement inconnues.

Ouvertures:

- Lorsque interrogés explicitement, les membres des comités peuvent identifier des causes socio-politiques et économiques de la pauvreté. Mais cette compréhension n'est pas articulée en système cohérent et structuré de pensée.
- Il y a une ouverture aux interventions de justice sociale, exprimée surtout par une des trois responsables de groupe, en référence à la famille (action pour la justice fiscale), avec comme moyen concret d'action la pétition.

Équipes pastorales et CPP

Voyons maintenant ce qui se passe dans les équipes de pastorale qui animent les paroisses. Où sont les intervenants s'ils ne sont pas avec les pauvres? La recherche-action entreprise par l'Église de Saint-Jérôme en 1989 a mis en évidence que les intervenants en pastorale consacrent 3,5 % de leur temps de travail au domaine social: il s'agit surtout de counselling. Les intervenants en pastorale sont engagés massivement dans la préparation aux sacrements, la liturgie et, pour les responsables de communauté, dans l'administration et la gestion de la paroisse. Il n'y a qu'un seul animateur de pastorale dans tout le diocèse «payé» par sa paroisse pour faire de la pastorale sociale. Son travail est surtout constitué de counselling individuel. Il y a donc peu de contacts directs entre les intervenants et les personnes pauvres, encore moins leurs organisations.

La perception des pauvres et de la pauvreté

La perception des enjeux sociaux de leur milieu par les équipes pastorales se situe surtout autour des jeunes, de la famille, du travail et de la consommation. Ils sont exprimés en termes de problèmes: les jeunes et leur détresse, en particulier la violence, les drogues et le suicide, la délinquance, l'éducation des enfants, surtout les adolescents, le chômage et les petits salaires, la pauvreté, la solitude des personnes âgées, la violence et les abus envers les enfants et les femmes, la consommation et le matérialisme, les séparations et les divorces. Ces préoccupations rejoignent celles exprimées dans les petites paroisses.

En général la pauvreté est comprise sous l'angle économique, soit le manque de ressources financières. «Ils ont des salaires de misère qui ne fournissent que le minimum vital. Et ceux qui perdent leur emploi après des années au même endroit, comment peuvent-ils arriver?» Dans une paroisse il y avait même une certaine analyse liant l'économie et le travail. Ainsi, lorsqu'il est question d'identifier les pauvres, ils sont décrits comme «les petits salariés, les femmes seules et à petit salaire, les victimes de faillites et de pertes d'emploi, les étudiants et les femmes âgées». De même lorsqu'il est question de définir la pauvreté: «La pauvreté c'est le manque de quelque chose: nourriture, travail. Le manque est très relié au travail. Le travail est à la base du problème.»

Dans cette paroisse, il y a même un début de recherche des causes dans la perspective des politiques économiques. «La pauvreté du tiers-monde nous atteint désormais. Des fermetures d'usines ici qui vont réouvrir au Mexique», de dire la responsable qui est allée au Honduras et a fait ses classes avec Développement et Paix. «La question de la fiscalité touche tout le monde. Il y a des inégalités épouvantables là.»

La responsable de cette paroisse a développé sa capacité d'analyse avec Développement et Paix). Le prêtre de l'équipe a une expérience des milieux pauvres. Il parlera du travail comme une base du problème de pauvreté. Cela se reflète dans le vocabulaire employé pour parler de pauvreté: petits salariés, exploitation, fiscalité, inégalité, système économique. Pour ces deux personnes la question se pose davantage en termes de justice sociale et leurs explications se réfèrent à l'ensemble du système social plutôt qu'à l'individu ou au destin.

Toutefois, avec cette compréhension plus socio-politique, cohabite dans l'équipe une autre lecture qui semble faire référence à la fatalité ou au sort. Les exclus ou exploités deviennent les «pas aimés», les «malchanceux de la vie», les «victimes de maladie». Malgré tout, les éléments d'analyse sociale, même si plus nombreux et plus développés que chez les membres des comités de dépannage, demeurent peu articulés entre eux. Ils ont quand même facilité des actions de justice sociale sous l'impulsion des leaders les plus articulés.

Cette paroisse possède en effet une tradition de présence dans son milieu (projets d'accueil des nouveaux citoyens avec la municipalité et la Caisse populaire) et de solidarité avec des groupes marginalisés: l'Association des parents et amis du malade mental (ALPAM), le Centre de la famille (assistés sociaux), le Centre sida amitié (le local permanent est au presbytère).

Dans les trois autres paroisses urbaines, la préoccupation des questions sociales et du rôle de l'Église est présente mais moins manifeste dans le discours comme dans la pratique. Toutefois, le curé de l'une de ces paroisses a demandé de l'aide au service de pastorale sociale du diocèse pour entreprendre une démarche, avec le CPP, afin de faire quelque chose pour les pauvres. Il ne savait pas comment aborder la question. Un projet de pastorale jeunesse avec centre de loisirs s'est concrétisé en concertation avec les autorités scolaires et municipales.

Mais en général, les équipes pastorales de ces paroisses urbaines ne vont pas jusqu'à être présentes dans des groupes sociaux ou appuyer des causes, des revendications, rencontrer des syndiqués ou des députés sur des enjeux socio-politiques. C'est l'exception qui le fait. Je n'ai trouvé qu'une paroisse (hors échantillon) dont l'équipe s'était donné comme objectif de voir chacun de ses membres présent dans un groupe social, et une autre (hors échantillon) qui s'est déplacée sur le terrain de la politique municipale. Il y a bien sûr un problème de temps, mais certains soulignent aussi qu'ils ne savent pas comment faire, n'ayant eu aucune formation les habilitant à traiter les questions socio-politiques. «Nous n'avons pas eu de formation sur le social» et «On n'a pas d'autres modèles d'intervention [que les sacrements]».

La perspective pastorale

En général, la perspective de pastorale sociale des paroisses urbaines demeure la charité envers les pauvres et trouve son expression dans la mise sur pied des comités de dépannage qui véhiculent d'ailleurs fidèlement cette perspective. Chez plusieurs intervenants s'ajoute la dimension d'apporter de l'espoir. «Vous n'êtes pas seuls, on est avec vous autres», dira un curé sur le sens de la Bonne Nouvelle aux pauvres.

Dans la paroisse où se manifestent des solidarités sociales plus développées, les perspectives pastorales sont reliées à la dignité humaine, à l'espérance et à l'option prophétique de solidarité avec les pauvres: «Faire en sorte que l'homme et la femme se tiennent debout dans la dignité», «La foi se vit dans le monde avec ses conflits».

> Il y a l'option de Dieu pour les pauvres. Son premier souci c'est d'aider les plus mal pris. La dimension prophétique c'est d'être la conscience de cette option et de la rappeler. Les prophètes crient, dénoncent ce qui ne va pas. Ils dénoncent parce qu'ils croient qu'il y a de l'espérance.

Malgré ce discours «prophétique» et un parti pris d'équipe pour les pauvres, les pratiques pastorales de cette paroisse (comme les autres) sont encore là aussi massivement centrées sur les sacrements et la liturgie. Toutefois des efforts sont faits pour intégrer les questions sociales dans la liturgie.

Il demeure difficile de faire signer des pétitions pour des causes sociales, par exemple celles proposées par Développement et Paix. La dénonciation d'injustices sociales et l'implication dans des conflits restent problématiques. Lorsque je demande pourquoi, on invoque surtout comme causes la peur des conséquences et le manque de temps.

> C'est plus comme individus que les croyants s'impliquent. On cherche le bon bord. On a peur de se tromper. C'est dur d'accepter de ne pas être compétent et de ne pas avoir la vérité.

> On a peur de risquer une parole. C'est insécurisant. On veut éviter les conflits. On n'est pas habitué au long terme mais plus à éteindre les feux. La justice sociale ça demande trop de temps.

Malgré ces difficultés, Développement et Paix réussit à ouvrir les horizons. Lors de la dernière campagne «carême de partage» dans cette paroisse, des tableaux montés dans le chœur illustraient trois dimensions de la responsabilité sociale de l'Église: le partage avec le comité de dépannage, la justice sociale par la solidarité avec le tiers-monde (carême de partage) et l'engagement missionnaire (liens avec un prêtre de la paroisse parti en mission chez les Montagnais de Saint-Augustin sur la Côte-Nord). C'est dans cette même paroisse que se retrouve l'un des deux groupes d'entraide dont la responsable fait des liens entre sa foi et les questions sociales.

Mais chez la plupart des intervenants en pastorale se retrouve le dilemme entre les tâches liturgiques omniprésentes et l'appel d'une plus grande présence dans le monde. Les nouvelles responsables de paroisses s'épuisent à suivre les affaires administratives et les activités sacramentelles sept jours par semaine. Les commentaires entendus sont clairs:

> Des projets sont abandonnés même par l'équipe pastorale car les sacrements prennent toute la place. Il y a les registres, l'accompagnement pour le mariage, pour le baptême, etc. C'est un cercle vicieux.

Un autre dit: «Il n'y a de place pour rien d'autre que nos dossiers. On éteint les feux partout: scolaire, sacrements, liturgie.» Un dernier va même jusqu'à dire: «On est réduit dans le placard du sacré. On est encarcané. On s'en va vers une crise».

Au-delà de cet accaparement par le sacré qu'on ne veut pas, par ailleurs, abandonner, car «l'Institution avec ses rites a encore sa place», il y a un réel désir de rencontrer les gens chez eux, pour leur dire : «Vous n'êtes pas seuls. On est avec vous autres.» Mais une équipe sent que ce travail, qualifié de prophétique et relevant auparavant de l'Action catholique, pourrait passer pour du travail social et donc être contesté.

> On va se faire dire: les problèmes du monde c'est pas votre job. Il y a les travailleurs sociaux qui font ça. Vous êtes même pas compétents pour le faire. Vous autres, c'est la religion.

Les liens ne sont vraiment pas clairs entre la «religion» (la religion confinée à l'église) et la transformation du monde.

Des pratiques de justice chez certains responsables

Des entrevues avec trois responsables de paroisses, deux prêtres et une femme, ont permis de préciser certaines conditions d'une plus grande implication dans les questions sociales. Il s'agit de responsables qui ont un profil historique similaire:

- — des parents du monde ouvrier qui avaient le sens de la justice et de l'accueil (UPA, famille d'accueil);
- — une grande sensibilité aux injustices;

— des engagements sociaux précédant leur engagement pastoral (parti politique, loisirs, JÉC);
— des engagements missionnaires et de solidarité avec le tiers-monde (tous supportent activement Développement et Paix).

Ces personnes ont une sensibilité particulière aux personnes blessées, exclues, exploitées qui les fait réagir, parfois avec colère, dans le sens de rétablir la justice, la dignité. Cette réaction viscérale aux injustices exprime une position, un parti pris en faveur de toute personne qui en est victime. Une responsable a d'ailleurs clairement parlé d'une option préférentielle pour les pauvres comme étant la sienne. «Jésus n'a pas surtout donné mais a aidé à vivre debout.»

Les deux prêtres, plus outillés pour l'analyse, se sont donné de la formation sociale, l'un en suivant des cours à l'Institut de pastorale de Montréal sur l'analyse du milieu et le travail par objectif, l'autre en lisant les encycliques sociales, sans compter son stage chez les Jeunesses libérales. Ce dernier affirme d'ailleurs manquer encore de formation. Il trouve la société complexe et voit la nécessité d'être bien outillé et documenté pour intervenir en politique.

Leur perception de Jésus et de ses «actions sociales» est devenue, au contact de croyants engagés socialement, la perception d'un homme adulte qui conteste les pouvoirs à partir du point de vue des exclus. Comme ils le disent eux-mêmes: «L'incarnation de Jésus ce n'est pas Dieu qui laisse faire et regarde mais Dieu qui vient transformer et prendre des risques dans les enjeux sociaux jusqu'à en mourir.» «Le Christ a contesté l'ordre établi et nos sécurités. C'était un dérangeur. La personne de Jésus est la référence pour moi. Il a enseigné plus par son agir.»

Il y a donc une référence particulière à l'action sociale de Jésus et une perception ou lecture socio-politique de son action. Mais cette «sensibilité» à la justice sociale, devenue une option, s'enracine dans une histoire personnelle déjà marquée par des témoins de cette justice. C'est donc du point de vue des victimes des injustices, des exclus, que l'Évangile est questionné et interprété.

Obstacles et ouvertures

Finalement, les perspectives de pastorale sociale des équipes pastorales se ressemblent dans la pratique, à une exception près, et convergent vers le dépannage. C'est dans le discours qu'il y a plus de variété. Certains intervenants se réfèrent carrément à l'option préférentielle de Dieu pour les pauvres et au rôle prophétique de l'Église appelée à y donner suite. D'autres comparent cette responsabilité avec celle des travailleurs sociaux. D'autres insistent sur l'importance d'apporter amour, espoir et dignité aux pauvres. Personne n'a identifié Développement et Paix et sa campagne «carême de partage» comme une pratique de justice sociale.

Si nous résumons la situation en termes d'obstacles et d'ouvertures, cela pourrait se retrouver comme suit:

Obstacles:

— Les intervenants en pastorale sont engagés massivement dans la préparation aux sacrements, la liturgie et l'administration pour les responsables.
— Seulement 3,5 % du temps de travail des intervenants en pastorale va au domaine social. Il se résume à l'accueil, au counselling et au dépannage.
— Les animateurs en pastorale manquent de formation sur les questions sociales.
— Il semble que la pastorale sociale pourrait être perçue comme du travail social par bien des paroissiens.

Ouvertures:

— Les intervenants en pastorale ont une perception assez juste et étendue des enjeux sociaux.
— Certains intervenants sont capables d'articuler un discours assez cohérent sur l'option préférentielle de Dieu pour les pauvres et la responsabilité prophétique de l'Église d'y donner suite.
— Quelques-uns osent s'aventurer, à titre personnel, sur des questions de justice sociale. Ils ont bénéficié d'expériences ailleurs et se sont donné une formation appropriée.
— Ces responsables qui ont des pratiques sociales plus développées ont une sensibilité personnelle et familiale aux injustices sociales et ont un parti pris pour la cause des pauvres.

Au-delà du dépannage

Entre ces deux pôles de la justice sociale et du dépannage il y a eu des initiatives mises de l'avant par quelques curés entourés de collaborateurs. Si les exemples qui suivent viennent surtout des «curés» c'est qu'ils datent déjà de plusieurs années. Il y avait donc moins d'intervenants laïques en pastorale, peut-être une ou deux responsables de paroisses, et les prêtres étaient en situation ecclésiale et sociale pour pouvoir prendre de telles initiatives comme «curés».

Ainsi sont nés, de l'initiative du curé, de femmes bénévoles et de la concertation avec des partenaires sociaux (Centraide, Caisse populaire, communautés religieuses, club Richelieu, etc.) des centres d'entraide et des maisons de quartier: le Centre d'entraide de Saint-Eustache, le Centre d'entraide d'Argenteuil à Lachute, la P'tite Épaule à Sainte-Thérèse, l'Ami-e du quartier à Saint-Jérôme, l'Auberge de Galilée à Terrebonne, etc.

J'ai d'abord rencontré l'équipe responsable de l'animation d'une de ces «maisons de quartier» puis l'équipe et un groupe de bénévoles d'une autre. La première est située dans un HLM et l'autre dans une petite maison achetée par la corporation. Les deux sont situées en quartier populaire.

La perception des pauvres et de la pauvreté

Le point de départ de ces projets est une prise de conscience, par des curés déjà engagés avec des exclus depuis longtemps, des besoins criants des pauvres et de la nécessité de dépasser le dépannage. Dans le cas de la P'tite Épaule ce fut la crise économique de 1982 et le licenciement massif des travailleurs de GM tout près. Pour l'Ami-e du quartier ce fut l'option préférentielle du curé et de certains de ses amis qui voulaient se donner des mains dans un quartier pauvre. La rencontre des pauvres chez eux a mis en évidence leurs besoins: nourriture, vêtements, logements, sortir de la solitude et de l'isolement, être utile, travailler. Il y avait beaucoup de traumatismes qui demandaient guérison.

Prenons d'abord l'exemple du projet la P'tite Épaule à Sainte-Thérèse. Des personnes accueillies expriment ainsi leurs besoins: «La récession... j'avais besoin de nourriture. J'ai toujours travaillé, puis j'me suis retrouvé en chômage. Je ne voulais pas rester à rien faire.» «Je suis venu par besoin. L'accueil, le sourire, la chaleur humaine m'ont accroché. J'me suis senti apprécié. J'voulais pas rester pris entre quatre murs.»

L'identification de certains besoins par les équipes des maisons de quartier indique déjà l'angle sous lequel la pauvreté sera abordée: dépasser le dépannage pour rejoindre la personne dans son univers psychologique et social. Pour répondre à ces besoins, il faut se rapprocher du monde, avoir un endroit en terrain «neutre» où les personnes se sentiront chez elles, en famille, donc dans une maison de quartier.

D'ailleurs le premier service, et la marque de commerce de ces maisons, c'est la qualité de leur accueil, la chaleur humaine et la fraternité qu'on y retrouve. Cette dimension affective de l'accueil des personnes et de l'amour se retrouve exprimée dans *Le P'tit journal* de la P'tite Épaule: «La P'tite épaule... t'offre un accueil inconditionnel, une oreille attentive, un coup de pouce au besoin et une épaule fraternelle[7].»

Les objectifs visés par cette maison de quartier, outre l'accueil et l'écoute, concernent la connaissance de soi, l'acquisition de la confiance en soi, de l'estime de soi, de l'autonomie et de compétences pour se réinsérer socialement. Le journal de la P'tite Épaule exprime bien ces volets multiples de l'accompagnement par des témoignages: «Nous accompagnons les gens vers une plus grande autonomie. Se découvrir, chercher ses talents.» «C'est une transition de la maison au marché du travail, car c'est dur de sortir de chez soi. Se prendre soin et s'aimer, se sentir bien. Réaliser son potentiel.» «[Cela...] t'aide à découvrir tes talents, à découvrir de nouvelles habiletés et à enrichir tes connaissances.» «[Cela...] te donne la possibilité de partager tes talents avec les autres et l'occasion de vivre pleinement ta dignité de femme et d'homme.» «[Cela...] te permet une meilleure utilisation des resssources du milieu et t'ouvre la porte sur la prise en charge de ta vie, sur ton autonomie[8].»

Les activités et services demeurent dans cette philosophie d'intervention sociale. Voici un exemple des activités et services offerts dans *Le P'tit journal*:

7. *Le P'tit Journal*, édition spéciale, 1992, page couverture.

8. *Ibid.*, édition spéciale, 1992, page couverture.

— «Halte Marie-Ève (filles-mères et femmes enceintes en difficulté).
— Pierre Bovo, psychothérapeute. «Être parent, un métier qui s'apprend.»
— Accueil, communication, travail d'équipe.
— Planification cuisines collectives.
— Soupe de l'amitié.
— Budget.
— Distribution de nourriture.
— Cuisines collectives.
— Couds, cousons, cousez.
— Soupe de l'amitié.
— Invité ou jeu.
— Bibliothèque.

La formation, la connaissance de soi et de ses ressources, l'acquisition de compétences, l'autonomie sont des thèmes de première importance.

Toutefois, lorsqu'on aborde la question de la pauvreté en terme de justice sociale, de politique ou d'économie, c'est presque le vide, comme un changement de planète. Tout au plus quelqu'un dira qu'il faut alerter les politiciens: «Leur dire que la pauvreté et le chômage, ça n'a pas de bon sens.» Ce n'est pas leur angle d'attaque de la pauvreté. C'est une approche de cœur qui vise la guérison par l'amour.

L'autre maison, l'Ami-e du quartier, vise des objectifs semblables mais avec une tendance plus sociale et politique. À l'origine du projet, un prêtre et quelques femmes ayant eu des expériences d'engagement social dans la JOC, la JÉC, le tiers-monde (deux ans missionnaire en quartier populaire en Colombie), un groupe politisé de solidarité avec le tiers-monde et de nombreuses années dans une communauté de base (Béthanie). Plus tard, ces orientations de départ ne furent pas partagées par tous les marguilliers, alors les divergences de fond sont devenues incontournables, autant sur le contenu que sur la forme.

Contrairement à l'exemple précédent, toute l'histoire de ce projet fut marquée par des affrontements entre des points de vue et des pratiques opposés. Certains voulaient participer davantage aux prises de décisions. D'autres voulaient remettre tous les pouvoirs au curé. Certains voulaient en rester au dépannage. D'autres voulaient impliquer davantage la paroisse avec les pauvres, comprendre et agir sur les causes de l'appauvrissement. Le conflit a mis en évidence les préjugés habituels envers les pauvres: «Les BS c'est des profiteurs, des paresseux. Ils vont nous téter jusqu'au bout.»

Si ce projet assurait, comme d'habitude, une part de dépannage et des réponses aux besoins psychologiques, il visait aussi l'intervention sur les causes économiques en contribuant à former et créer des emplois par des projets gouvernementaux et à conscientiser par des sessions sur l'économie et la politique. «Le dépannage ne règle rien. Ce n'est qu'un outil pour rencontrer le monde et voir leurs vrais besoins.» Et le fonctionnement du groupe est démocratique: «On ne veut pas de «*games*» de pouvoir. Ici c'est une équipe. C'est du monde du quartier qui anime.»

Le langage même pour parler de la pauvreté a des connotations plus socio-politiques: «exploités», «retrouver sa dignité», «lieu de parole», «créer des emplois», «solidarité», «démocratie», «tous égaux», «sentiment d'être rejeté», «dépannage comme un outil».

Les quatre objectifs de *l'Ami-e du quartier* expriment bien ces orientations:

1. Créer des emplois.
2. Rassembler le monde pour avoir un lieu de parole et de prise en main.
3. Se solidariser.
4. Retrouver sa dignité et la confiance en soi.

Perspectives pastorales

Les responsables des maisons de quartier ont toutes à leur crédit de nombreuses années de bénévolat, souvent à la paroisse, dans la préparation aux sacrements et au CPP: 20 ans en paroisse pour la profession de foi, le scoutisme, la soupe amitié et la visite aux détenus pour une. Une autre a fait dix ans de bénévolat à la paroisse, au CPP et à la fabrique. Deux autres collaboratrices sont passées aussi par la paroisse. «Même la secrétaire de la paroisse est très impliquée. C'est important pour nous ces supports.»

C'est suite à des interpellations personnelles du curé que la responsable et d'autres se sont retrouvées dans le projet. Chez la responsable en particulier, c'est un engagement ferme, comme une vocation, comme un parti pris, une solidarité indéfectible avec les pauvres et les exclus qu'elle accueille. C'est au centre de leur vie et en fidélité à Jésus-Christ et sa manière d'accueillir.

Voyons d'abord la situation à la P'tite Épaule. Comme les responsables de ce projet ont toutes été «appelées» par leur curé pour animer et gérer ces services spéciaux, les liens restent étroits avec la paroisse, et les perspectives pastorales s'harmonisent bien avec celles du curé. La perspective pastorale s'exprime, pour une des responsables, en termes d'un amour qui dépasse le partage matériel: «Aimez-vous les uns les autres. Si chacun s'arrêtait à aimer... C'est pas juste donner, même selon ses talents. Aimer c'est accueillir, écouter, partager et cheminer.»

Comme l'exprime une personne accueillie, c'est même une expérience de l'Église communauté qui s'y vit:

> Ça ressemble à une grosse famille avec des frères et des sœurs... C'est à travers leurs mots, leurs idées, leurs expériences que je me suis reconnue comme faisant partie prenante de cette famille. Je parle rarement de choses spirituelles, mais je crois que le vrai sens du mot «Église», c'est-à-dire une communauté de chrétiens se rassemblant en un lieu pour partager leur foi, c'est à *la P'tite Épaule* que je l'ai vécu. Partager le pain, la soupe.

Dans le cas de l'Ami-e du quartier, des questions fondamentales se sont posées dès le départ. «Qu'est-ce qui est important? Amener du monde à la messe ou aller vers le monde? Allons-nous oublier ceux qui ne viennent pas à l'église?» Quelles sont les priorités? Les sacrements et la messe ou les pauvres, surtout dans une paroisse où ils sont en majorité?

Certaines qui poussaient l'implication avec les pauvres avaient vécu ailleurs (groupe populaire et tiers-monde) des solidarités avec les pauvres, comme une option à long terme. Elles avaient donc des positions fermes: «Il faut plus de vie et de vérité dans la paroisse.» «L'Évangile se vit plus dans la vie: garder des enfants, accueillir, etc. dans un mouvement perpétuel de solidarité.» Une femme dira de sa foi:

> Ma foi c'est tout ce que je vis. À la paroisse on exclut des personnes, ça ne marche pas. C'est pas ce qu'on nous enseigne dans l'Évangile. L'Évangile le dit partout, attention aux pauvres.

Obstacles et ouvertures

On retrouve dans ces projets un engagement de qualité avec les exclus qui s'exprime par un accueil inconditionnel, personnel et chaleureux. Les activités et programmes mis en place veulent supporter la personne dans sa découverte d'elle-même, sa prise d'autonomie, sa recherche d'estime et de dignité, sa réintégration dans la société. Il arrive que d'ex-agentes de pastorale s'y retrouvent... La paroisse continue d'apporter un support administratif (au CA) et à fournir des bénévoles.

Bien que ces projets constituent une nouvelle forme de solidarité avec les pauvres nous voyons que la perspective peut varier, allant de l'accueil fraternel à la lutte pour la dignité et la justice sociale. Voyons donc les obstacles et ouvertures identifiables sur ce chemin de la justice sociale.

Obstacles:

— La priorité accordée en paroisse aux sacrements et à la messe peut empêcher de comprendre l'importance et la dignité des pauvres.
— Les personnes qui veulent développer des pratiques pastorales dans le sens de la justice sociale peuvent se heurter, en paroisse, aux préjugés envers les pauvres.

Ouvertures:

— Le rôle du curé est déterminant pour ouvrir ou fermer sur l'engagement social, pour lancer un projet comme pour le limiter.
— Les personnes ayant une expérience des questions sociopolitiques peuvent développer des pratiques pastorales dans une perspective de justice sociale et d'action sur les causes de la pauvreté.
— La réponse aux besoins psychologiques et sociaux rapproche la perspective pastorale des questions de justice sociale sur des thèmes comme la dignité et les droits des personnes.

Conclusion

Il ressort de cette observation que la solidarité des paroisses avec les exclus se vit surtout sur une base d'aide individuelle par l'entremise de comités de dépannage. Plusieurs personnes s'y impliquent bénévolement à des degrés divers, allant de la simple distribution de nourriture, en passant par les visites dans les foyers. Les maisons de quartiers constituent des initiatives originales pour s'approcher des exclus. Elles visent à accueillir, guérir le cœur et supporter des gens dans leur quête d'autonomie.

Lorsque la communauté est mise à contribution, c'est sous forme de cueillette de nourriture ou de vêtements au temps des fêtes (guignolée) ou en participant à une activité de financement (repas) au profit du service de dépannage. Cela reste un partage de nos surplus de nos miettes de table.

Le projet «carême de partage» avec Développement et Paix constitue un moment privilégié pour s'ouvrir aux questions sociales et s'engager. À travers une thématique, une analyse sociale d'une question est proposée. S'ajoutent une lecture de foi dans le sens de la justice sociale et des actions de solidarité souvent politiques (pétition). Mais cette ouverture sur la justice sociale est peu exploitée dans la majorité des paroisses car elle ne cadre pas avec l'approche dominante de partage matériel. Il se fait plutôt une quête pour le tiers-monde au cinquième dimanche du carême.

Les responsables des comités de dépannage jouent un rôle primordial car ils marquent le groupe d'entraide dans son style et ses objectifs d'intervention. Ils font du recrutement, animent les rencontres, préparent les réflexions spirituelles, assurent la liaison avec l'équipe pastorale ou le responsable de la paroisse, déterminent les priorités d'actions et l'approche pastorale.

Cette approche vient de la formation reçue en Église, à la paroisse ou dans un mouvement spirituel comme le Cursillo. Elle se situe dans une perspective de charité, de soulagement de la misère, doublée souvent d'un accueil chaleureux et personnel. Le service est identifié à l'Église puisqu'il loge dans ses locaux, mais la référence à Jésus-Christ n'est pas explicite, sauf dans un groupe qui distribue des cartes «Jésus t'aime».

Bien qu'ils soient capables de voir les diverses causes de la pauvreté lorsqu'on en parle, les bénévoles et leurs groupes d'entraide n'y font jamais référence dans leurs rencontres. D'ailleurs les expressions «injustices», «exclus», «appauvrissement», ne sont presque jamais utilisées en parlant des personnes pauvres mais plutôt «malheureux», «démunis», «pauvres», «malpris» avec peu de référence au contexte social. Les principales explications sur l'appauvrissement font appel au contexte familial. Par ailleurs, il y a connaissance de l'impact important de certains éléments économiques et politiques mais ils ne sont pas articulés en un système de compréhension globale. Les actions menées ne visent donc pas les causes sociopolitiques.

Les bénévoles qui avaient des expériences d'engagement dans d'autres réseaux provenaient du monde des loisirs, de la liturgie ou de l'entraide. Ils se retrouvent en fait dans des styles semblables de services qui ne comprennent pas d'approches de revendications des droits ou de dénonciations des injustices, ni de démarches politiques. Leur «formation pratique» comme leur «formation théorique» le dimanche à l'église ne les placent pas sur de telles pistes d'intervention. Ces groupes d'entraide reflètent bien l'approche caritative des clubs et groupes sociaux habituellement reliés aux œuvres de charité: Chevaliers de Colomb, Filles d'Isabelle, Saint-Vincent-de-Paul, club Optimiste. Il y a même, chez eux, une certaine résistance devant des démarches de réflexion, considérées comme intellectuelles, comme du temps perdu au détriment de l'efficacité sur le terrain.

Dans le cas des maisons de quartier, cette charité s'étend aux besoins psychologiques. En général, la perspective se situe entre les groupes de dépannage et l'approche plus politisée des groupes de revendication et de contestation. Il s'agit surtout de fraterniser, de «donner de l'amour» aux personnes blessées dans leur cœur en vue de les revaloriser et de les réintégrer socialement. C'est une approche «service social» avec en prime la disponibilité et la chaleur humaine. Le domaine des structures sociales, économiques et politiques n'est pas touché, mais celui des revendications des droits de la personne fait surface dans certains groupes.

9. Le Carrefour d'action populaire, à Saint-Jérôme, est un groupe populaire autogéré, mis sur pied et animé par une religieuse du Bon Conseil et quelques femmes béneficiaires de l'aide sociale. Il est indépendant des paroisses. L'animatrice est formée à l'analyse sociale et l'action politique. En plus des

Par exemple, l'Ami-e du quartier et le Carrefour d'action populaire[9] demeurent l'exception dans le diocèse. Ces groupes sont «mal vus» par tous les pouvoirs, politiques, économiques et religieux, car ils sont trop contestataires. Ils dérangent par leur style, leurs actions et leurs questions. N'est-ce pas le sort des prophètes?

Globalement, ces observations rencontrent celles faites à la grandeur du Québec par le comité de recherche de l'Assemblée des évêques du Québec sur les communautés chrétiennes locales. Sur l'engagement social, les chercheurs constatent que toutes les communautés sont capables d'identifier les problèmes sociaux et ont posé des gestes «de l'ordre des pratiques de bienfaisance[10]». Sauf quelques collaborations avec des organismes civils, la solidarité est très limitée avec les pauvres.

> Par contre, peu de communautés ont favorisé des pratiques de contestation socio-politique comme la signature de pétitions, la participation à des manifestations, ou l'engagement dans des mouvements sociaux qui remettent en cause l'ordre établi[11].

Et pour les quelques individus engagés sur cette piste, «les communautés ne leur offrent pas de lieu de ressourcement et d'échange[12]». Alors, ces personnes-ressources, facteurs de changement, qui pourraient supporter la paroisse dans ses implications sociales, se retrouvent dans d'autres réseaux, comme des groupes populaires ou de solidarité internationale.

Dans le prochain chapitre nous allons comprendre ce qui empêche les paroisses de s'engager au-delà du partage et de l'accueil en maison de quartier. Il y a des facteurs reliés à l'organisation ecclésiale elle-même et au contexte social mais, plus profondément,

---

activités d'entraide et des ateliers d'artisanat, la formation touche les questions légales, politiques, économiques et culturelles. L'approche pastorale s'inspire de l'action catholique dans une formule de révision de vie et se situe directement dans une perspective de justice sociale. Des actions politiques, comme la rencontre de députés, ont été réalisées avec des organismes comme Développement et Paix et Solidarité Laurentides Amérique latine. Le Carrefour n'a pas fait l'objet de mon observation parce qu'il n'est aucunement relié à une paroisse.

10. *Voies d'avenir*, résumé de recherche, Fides, 1992, p. 15.

11. *Ibid.*, p. 15.

12. *Ibid.*, p. 15.

l'identité chrétienne et une certaine vision de la mission évangéliser sont questionnées. Le rapport traditionnel dominant aux pauvres est mis en cause devant ce qui semble une incapacité de voir les injustices sociales, de s'en indigner et de se ranger du côté des exclus.

CHAPITRE DEUXIÈME

Indignation et parti pris

Il y a plusieurs obstacles qui barrent la route à des engagements pour la justice sociale en paroisse. Des obstacles structurels dans l'Église même: les priorités pastorales, l'organisation du travail, la formation sociale déficiente; des obstacles plus profonds dans l'attitude chrétienne traditionnelle devant les injustices; des obstacles socio-culturels provenant de l'idéologie dominante, matérialiste et individualiste, constituant un environnement social d'antisolidarité.

Les intervenants en pastorale sont pris dans une structure de travail contraignante qui les maintient dans des tâches liturgiques, sacramentelles et administratives. Ils n'ont, en général, pas de formation en analyse sociale pas plus qu'ils n'en ont en spiritualité de la justice. Le leadership pastoral des responsables maintient souvent les pratiques de solidarité dans les œuvres de bienfaisance traditionnelles. Ces pratiques pastorales ne peuvent donc ouvrir les croyants au sens de la justice sociale.

Cette justice sociale est une option exigeante et risquée. Elle implique en effet une capacité d'indignation et de colère devant les injustices qui semble inaccessible à la grande majorité des catholiques. Elle demande aussi une capacité de prendre parti et d'assumer les risques personnels encourus par ses prises de position. La justice sociale est un chemin étroit et conflictuel et il en est très peu qui l'empruntent. Même deux traditions éprouvées de justice sociale dans l'Église comme l'Action catholique et Développement et Paix n'ont pas réussi à vraiment mobiliser les paroisses.

Dans l'environnement culturel québécois actuel, certaines valeurs privilégiées sont la réussite individuelle, la primauté de la concurrence internationale sur le marché économique, la maximisation de la rentabilité des entreprises sans égard aux conséquences humaines des mises à pied massives, bref le néo-libéralisme comme voie de salut universel. Ces choix se font au détriment d'un projet de société centré sur la justice et la solidarité. Dans ce contexte, il n'est pas étonnant que les élites économiques privilégient les œuvres de bienfaisance, avec ses campagnes et ses téléthons, car cette forme de solidarité ne change pas les règles du jeu économique et ses priorités. C'est à se demander si le capitalisme n'a pas réussi à récupérer la charité chrétienne et à neutraliser la dimension prophétique de l'Évangile.

Le chemin des pauvres

Dans les paroisses rurales visitées il y a toujours quelques personnes qui marchent sur le chemin des pauvres. Dans les paroisses urbaines, il y a des comités structurés, des tables de concertation, qui voient à acheminer l'aide efficacement. La grande préoccupation est surtout logistique même si quelques intervenants en pastorale commencent à questionner la pertinence et la qualité du dépannage.

Quand des catholiques, en paroisse ou ailleurs, prennent avec cœur les chemins du monde, des pauvres surtout, ils portent des fruits de solidarité et mûrissent leur foi. Certaines de ces personnes à l'attitude fraternelle développent des pratiques d'accueil, de non-jugement et de compassion qui finissent par se reconnaître dans celles de Jésus. Pour quelques-unes des liens se tissent progressivement entre les divers visages de la pauvreté et l'Évangile. Le poème-prière de l'une d'elle illustre bien cette incarnation de la foi avec les pauvres. «J'ai vu Jésus, abandonné de ses amis, de ses frères. J'ai perçu mon Seigneur au plus profond de leur cœur.»

De même pour l'intervenante qui rejoint davantage les pauvres dans son dépanneur et à l'école. Elle dira: «Je fais donc beaucoup de pastorale dans mon dépanneur à écouter et jaser.» Elle souhaite d'ailleurs que l'Église revoie sa vision du travail pastoral et aille davantage vers le monde plutôt que de l'attendre au presbytère.

Les prêtres qui ont mis sur pied des centres d'accueil ou des maisons de quartier, comme les responsables de ces maisons, placent la solidarité avec les pauvres au cœur de leur foi. Cette solidarité se traduit par une attention particulière à ces personnes et à leurs besoins. Pour ces apôtres de l'accueil l'amour dépasse l'aumône. Une responsable de la P'tite Épaule dira: «Aimer, c'est pas juste donner, même selon ses talents. Aimer c'est accueillir, écouter, partager et cheminer.»

Avoir choisi de donner une priorité aux pauvres dans sa vie et de vivre un amour qui dépasse l'aumône sont des conditions de base pour établir des solidarités fortes et durables avec les pauvres. Si plusieurs bénévoles, surtout en maison de quartier, se retrouvent dans ces conditions, il en va autrement des paroissiens qui se cantonnent dans l'aumône. Car ces derniers sont souvent invités à aller plus loin, ne serait-ce qu'en s'impliquant à l'ouvroir ou à la campagne «Carême de partage», mais ne le font pas.

Face au phénomène de la pauvreté sous tous ses visages, s'est développée l'habitude, en paroisse et ailleurs, de s'en remettre à des comités, à des spécialistes, de déléguer ses responsabilités sociales. L'organisation même du bénévolat en comités et tables régionales crée une grande distance entre l'ensemble des paroissiens et les personnes pauvres. Leur réalité est déformée par la distance et les préjugés. De sorte que des membres de CPP en arrivent à dire: «Moi, des fois, j'leur botterais le derrière.», «Les gens sont orgueilleux, ils ne prennent pas notre linge», «Il y en a qui trichent», «Ceux du BS sont des profiteurs, des paresseux qui vont nous téter au bout.» Alors que les personnes qui sont proches des pauvres tiennent un tout autre langage en général.

Il s'ensuit une déresponsabilisation collective devant la pauvreté, comme devant la violence ou le sida. Il reste donc au citoyen à faire des dons à Centraide et aux téléthons, et au paroissien à faire l'aumône lors des quêtes pour les pauvres. À moins d'avoir des liens personnels avec des personnes pauvres, les paroissiens et les équipes pastorales connaissent peu les drames engendrés par l'appauvrissement dans leur région. Cette situation tient les chrétiens à distance des personnes que Jésus a le plus fréquentées... Sans parler des effets désincarnant sur la foi elle-même qui s'exprime de façon «spirituelle», plus «liturgique».

Le chemin de la liturgie

L'Église de Saint-Jérôme investit encore massivement[13] son personnel dans la liturgie et les sacrements. L'obsession pastorale, c'est qu'il y ait des messes partout le dimanche. Par les structures de travail de l'Église (mandat, contrat, définitions de tâches), ses ouvriers et ouvrières «salariés» sont mobilisés dans la liturgie, les sacrements et l'administration paroissiale.

Si au moins les questions et situations de pauvreté et d'injustice étaient intégrées aux liturgies et aux préparations aux sacrements, elles ne s'opposeraient pas à ces dernières. Car le risque d'opposer la liturgie aux pauvres, comme priorité pastorale, est réel surtout dans un contexte de réduction de personnel. Il s'est d'ailleurs vérifié dans une paroisse. Pour des marguilliers et des membres du CPP d'une paroisse où les pauvres sont pourtant nombreux, il y avait opposition entre la liturgie et les pauvres. Il fallait amener du monde à la messe et non «courir après les pauvres» pour les aider. Comme le disait l'un d'eux: «On n'a pas d'énergie pour ça, alors que l'essentiel c'est les sacrements et la messe.»

Dans cette paroisse, l'une des responsables du projet de maison de quartier portait une vision et une pratique opposées. Elle exprimait ainsi sa foi: «Ma foi c'est tout ce que je vis. À la paroisse on exclut des personnes pauvres. Ça ne marche pas. C'est pas ça qu'on nous enseigne dans l'Évangile.» Et elle soulignait que l'Évangile se vit surtout dans ce «mouvement perpétuel de solidarité: garder des enfants, accueillir, etc.». Comme la justice sociale n'est pas la pratique majeure de l'Église, elle ne s'y est pas sentie très à l'aise. Faudrait-il qu'elle en sorte pour pouvoir développer ses pratiques de justice?

Pourtant, il y a des pauvres dans l'Église, aux assemblées, mais on se connaît si peu. Et on n'est pas là pour s'interpeller à faire justice. On va à l'église pour prier en paix...

En effet, le rapport à la pauvreté dont les catholiques entendent parler le dimanche ou à l'occasion des sacrements d'initiation, c'est celui de la bienfaisance: faire l'aumône, rendre des services à son prochain et venir en aide à ceux qui sont dans le besoin. Les

---

13. Selon un relevé statistique du temps de travail fait dans le cadre de la recherche-action à la grandeur du diocèse de Saint-Jérôme, 3,5 % seulement de ce temps est consacré à l'axe social.

intervenants en pastorale comme les bénévoles des comités de dépannage s'y réfèrent abondamment. La perspective pastorale se concentre sur le témoignage d'amour à rendre au nom du Christ au prochain qui croise notre chemin. «Ouvrir mes bras, simplement, dans un geste d'amour et leur dire "je vous aime" et surtout "Jésus vous aime"», dira l'une. «Vous n'êtes plus seuls, nous sommes-là!» dira une autre. Comme le résume une bénévole: «Aider les pauvres, ç'a toujours été fait par l'Église.» Cette approche, bien qu'essentielle et fondamentale, n'épuise pas toute la richesse et la profondeur de la charité, de la solidarité. Elle en constitue plutôt les premières expressions.

Cette perspective encourage une action de dépannage à court terme plutôt qu'une action de changement en profondeur. Va pour aider les pauvres mais lorsqu'il est question de comprendre pourquoi et de questionner les façons de faire de certaines institutions, de changer des structures sociales, il y a trop de risques de conflits. Comme l'expliquaient les membres d'une équipe pastorale: «On a peur de risquer une parole. C'est insécurisant. On veut éviter les conflits.»

La question de l'identité chrétienne est un point majeur dans la problématique de la solidarité des paroisses avec les pauvres. Non seulement la distance physique et émotive est grande avec les pauvres chez la majorité des paroissiens mais les pratiques pastorales de l'Église ne cherchent pas à faire comprendre les causes et les mécanismes de l'appauvrissement et des autres atteintes aux droits humains. Ainsi, bien que les bénévoles des comités de dépannage connaissent des facteurs socio-politiques et économiques qui causent l'appauvrissement, ils maintiennent une approche de charité, conforme à leur spiritualité et à la pratique traditionnelle dominante dans l'Église. Le combat pour la justice sociale c'est un autre monde avec une dynamique très différente.

Les limites institutionnelles

Des mandats déterminants

Les attentes des employeurs (l'évêque, les conseils de fabrique) comme la demande populaire orientent les priorités pastorales vers la liturgie et la préparation aux sacrements. La lourdeur des tâches administratives des responsables de paroisse, dans des situations financières difficiles, limite encore davantage l'action sur le terrain social. Les responsables et autres agents de pastorale n'ont tout simplement pas le temps d'être présents aux pauvres car les priorités et les urgences sont ailleurs. La question des pauvres et des injustices sociales devient secondaire par la force des choses. C'est pourquoi les services caritatifs se retrouvent entre les mains de bénévoles.

Cette contrainte structurelle empêche même les intervenants pastoraux qui ont déjà des sensibilités ou des options sociales de pouvoir élaborer des projets ou simplement de prendre le temps pour visiter des groupes populaires de leur milieu. Les quelques-uns qui y parviennent en ont pris l'habitude ailleurs. Forts de leurs expériences, ils sont capables d'une certaine analyse sociale et savent comment s'y prendre. C'est le cas de ceux qui ont mis sur pied des maisons de quartier ou qui s'engagent sur le terrain politique. Mais c'est à leur corps défendant qu'ils le font en empiétant sur leur temps personnel (hors du temps de travail)...

Sans être déterminants, ces facteurs entravent grandement le développement de solidarités plus profondes et à plus long terme avec les pauvres. Un facteur déterminant est constitué par les options de fond personnelles de l'agent de pastorale. Car même s'ils avaient le temps il n'est pas sûr que les intervenants pastoraux s'aventureraient dans des entreprises de justice sociale avec les exclus. Il faut d'abord en avoir fait une option de vie et avoir réalisé la place prépondérante des pauvres dans la mission de Jésus[14].

Un leadership pastoral contraignant

Dans les comités de dépannage comme dans les équipes pastorales il est apparu que le leadership des responsables marquait directement la perception des pauvres et de la pauvreté comme le style d'intervention privilégié et la perspective pastorale de leur groupe. Si les leaders des comités d'entraide ont cette influence, elle joue davantage dans les Conseils paroissiaux de pastorale où les responsables,

---

14. Sur cette question comme sur le sens du terme de pauvre dans l'Évangile, voir l'excellente réflexion d'André Myre, bibliste à la Faculté de théologie de l'Université de Montréal, *Scandales, Jésus et les pauvres* (Éditions Paulines). Pour ceux et celles qui disposent de peu de temps, c'est un document court mais clair et substantiel.

intervenants en pastorale, sont traditionnellement auréolés d'une grande autorité et savent s'en servir.

La présence des responsables aux entrevues n'a pas empêché les participants d'exprimer leurs opinions sur la pauvreté. Mais comme les responsables de paroisses choisissent les membres des CPP et des équipes pastorales, il y a généralement une convergence d'opinion et de vision pastorale. De sorte qu'il est presque impossible de mettre en place des pratiques pastorales de solidarité sociale qui soient différentes de celles du responsable. Ce dernier détermine en quelque sorte le style et la limite d'intervention.

C'est ainsi que les responsables qui investissent dans le partage et l'accueil réussissent à mobiliser une partie de leur communauté dans leurs projets. Les maisons de quartier, initiées par le curé, en sont un exemple éloquent. Un projet d'aide aux personnes atteintes du sida en est un autre exemple. Mais le projet est tombé après le départ du curé. À l'inverse, les responsables qui ont développé des modes de solidarité de justice sociale avec leur milieu n'entraînent pas leur paroisse sur leurs traces. Quelques individus les appuieront, au CPP ou dans l'équipe pastorale. Mais ils feront cavalier seul dans leurs actions sociales. Sortant du sentier plus confortable des pratiques traditionnelles de la charité, ils s'exposent à bien des critiques et à des conflits dans leur propre communauté et avec les notables du milieu. Le saut dans un monde inconnu et conflictuel est trop grand pour la paroisse.

Le leadership pastoral est donc efficace dans des pratiques de solidarité traditionnelles. En ce sens il constitue une force d'incarnation de la foi dans la solidarité. En même temps il constitue un cran d'arrêt pour le développement de solidarité en termes de justice sociale car c'est presque impossible pour quiconque de la paroisse d'aller à l'encontre des orientations et priorités pastorales de leader.

Peu de formation sur la justice sociale

En général, les intervenants en pastorale comme les bénévoles n'ont pas de formation en analyse sociale ni une conceptualisation étendue et systématique des questions sociales. Or pour intervenir sur le terrain socio-politique il faut comprendre cette réalité qui est fort complexe. Il faut un cadre de référence théorique et des outils comme l'analyse sociale pour bien voir la réalité sociale et situer des décisions politiques ou des phénomènes comme l'appauvrissement. Sans parler du temps pour suivre l'actualité et les efforts intellectuels pour comprendre. On ne se présente pas chez un député, un ministre ou au conseil municipal sans bien maîtriser son dossier et avoir une argumentation articulée en fonction des valeurs que l'on veut défendre. Car eux connaissent bien leurs dossiers.

L'analyse sociale, dans la tradition du «voir, juger, agir» de l'action catholique permet justement d'aller au fond d'une question, d'en saisir les causes dans une perspective historique, d'y voir les enjeux vitaux sur plusieurs volets (économique, politique, historique et idéologique), d'appréhender les effets sur un milieu donné et de planifier des interventions cohérentes et efficaces. Cette approche développe un esprit critique qui n'est pas très prisé de toute autorité, civile ou religieuse...

Mais à quoi servirait à un soldat d'être équipé des meilleures armes s'il n'a pas choisi d'être un combattant? Cette condition nécessaire des outils est donc dépendante d'une autre, primordiale, celle, encore une fois, d'une option de vie engagée avec les exclus.

L'option pour la justice

Une option conflictuelle

Les trois types de solidarité, partage, accueil et justice sociale, comportent des exigences et des risques différents. Les œuvres de partage demandent beaucoup de disponibilité de temps, de l'organisation, du tact mais moins d'implication émotive que les deux autres.

Les œuvres d'accueil et de guérison demandent beaucoup d'attention aux personnes, de compréhension et d'habileté dans les relations humaines. Les misères et les souffrances des personnes aidées sont côtoyées de plus près et de façon plus assidue. Ce qui demande des capacités d'accueil et de compassion, de patience et de persévérance pour aider des personnes à reprendre vie. C'est un art de guérison, de résurrection.

Les interventions de justice sociale sont souvent conflictuelles car il s'agit de questionner des pouvoirs: pouvoirs politiques, économiques, culturels, religieux. Il s'agit aussi de remettre en question des jugements sociaux, des préjugés culturels, des exclusions sociales.

Revendications, dénonciations, remises en question des structures sont des moyens qui caractérisent cette option et peuvent faire peur. C'est un scénario de contestation qui s'est vécu à l'Ami-e du quartier où la remise en question s'est faite à partir de la conviction que l'Évangile lie la foi, la prière et l'eucharistie à des engagements en solidarité avec les pauvres.

Un parti pris radical

La justice sociale se vit en parti pris. Ce parti pris pour les exclus s'exprime par une défense radicale de leur dignité, de leur réputation et de leurs droits. Les occasions sont nombreuses d'avoir à prendre la défense des exclus et marginalisés sociaux: assistés sociaux, immigrants, amérindiens, homosexuels, punks, sidéens, etc. Le parti pris implique pour celui qui l'assume d'être tôt ou tard assimilé à ceux avec qui il s'est solidarisé et d'être exclu à son tour. C'est le prix à payer.

La justice sociale est un art de combat qui exige du courage, de la solidité émotive, de l'audace et de la persévérance. Il y a des risques pour sa réputation, son emploi, même son intégrité physique à dénoncer les injustices et les pouvoirs qui en profitent. Cela demande d'en avoir fait une option solide bien enracinée dans celle de Jésus-Christ. Cela demande aussi une compréhension globale de la société, donc une capacité d'analyse sociale, de la stratégie et des outils en conséquence. Il n'est pas étonnant d'y retrouver peu de monde, un peu moins que dans l'accueil, alors que le partage matériel est massivement investi par les chrétiens.

Ce parti pris radical pour la cause des pauvres a été identifié et reconnu dans l'Église comme «l'option préférentielle pour les pauvres[15]» et sa pratique s'est surtout développée en Amérique du Sud. L'interprétation théologique qui l'accompagne porte justement le

---

15. Gregory Baum définit ainsi cette option: «Il s'agit d'abord et avant tout d'un angle de vision du monde. Cette option nous amène à regarder la société du point de vue de ses victimes. Toutefois, l'option préférentielle pour les pauvres présente une deuxième dimension, militante celle-là. Elle implique la solidarité avec les pauvres et leur lutte pour la justice. Elle appelle à l'action et au témoignage public.» (Gregory Baum, *Compassion et solidarité*, Montréal, Bellarmin, 1992, p. 36-37.)

nom de théologie de la libération. Ce parti pris se fonde sur celui de Dieu lui-même en faveur des exclus et des opprimés. Comme le dit Gregory Baum:

> Ils [des catholiques de l'Amérique latine] découvrirent, en lisant les prophètes hébreux, que dans le cas d'exploitation, Dieu prenait parti pour les exploités. Dieu exigeait la justice. Même l'adoration de Dieu perdait toute sa valeur si l'on ne s'engageait pas à défendre la justice sociale[16].

En général, les pratiques des intervenants en pastorale se situent en dehors du parti pris. Ils sont là pour annoncer la Parole, faire prier, réconcilier, pour aider et mettre la paix. Les paroisses sont déjà assez divisées sur toutes sortes de questions sans en rajouter en se mêlant de justice sociale. Pourtant, dans une paroisse, deux des intervenants en pastorale, dont la responsable, ont rappelé le parti pris de Dieu envers les pauvres: «Il y a l'option de Dieu pour les pauvres... Son premier souci est d'aider les plus mal pris.» Remarquons que ce parti pris conduit à «aider» les pauvres, selon l'expression même de l'intervenante, plutôt qu'à les «défendre», ce qui impliquerait la lutte, le combat, le conflit.

Il y a une certaine hésitation entre l'aide et la lutte car plus loin, dans la même équipe, un autre intervenant rappelle la responsabilité prophétique de l'Église: «Les prophètes crient, dénoncent ce qui ne va pas.» Une autre personne ajoute: «La foi se vit dans le monde avec les conflits.» On se réfère même au film *La société des poètes disparus* pour dire la nécessité de gestes audacieux amenant du changement.

Alors pourquoi cette paroisse n'est-elle pas plus impliquée dans la justice sociale? La conscience s'ouvre lentement mais les pratiques de solidarité sociale ne suivent pas automatiquement. Voici leurs propres raisons: «C'est plus comme individus que les croyants s'impliquent» ou «On cherche le bon bord». «On a peur de se tromper. C'est dur d'accepter de ne pas être compétent et de ne pas avoir la vérité.» On a «peur de risquer une parole. C'est insécurisant. On veut éviter les conflits.» «On n'est pas habitué au long terme mais plus à éteindre des feux. La justice sociale ça demande trop de temps.» Or, en général, les intervenants en pastorale n'ont pas de temps, n'aiment

16. Gregory Baum, *op. cit.*, p. 30.

pas les conflits, n'ont pas de formation sur la justice sociale et surtout n'ont pas fait l'option de solidarité avec les exclus.

L'incapacité de prendre parti

Les grands conflits sociaux vécus ces dernières années dans le diocèse de Saint-Jérôme confirment cette incapacité des catholiques et des paroisses à prendre parti, malgré le parti pris clair de l'évêque pour la justice sociale. Je pense en particulier à la crise d'Oka, puis à la loi 37 de l'aide sociale et ses pouvoirs d'enquête, les politiques envers les réfugiés, la réduction de l'accessibilité à l'assurance-chômage. Ceux qui ont pris parti et agi dans ces enjeux ne venaient pas des paroisses, sauf exception. Il est contradictoire pour un chrétien de prendre parti. Comme le dit Albert Nolan:

> Comment prendre parti lorsque vous aimez tout le monde, y compris vos ennemis? Et qu'en est-il alors de la croyance tant répandue qu'un chrétien est l'homme de la paix dans tous les conflits, qui évite de prendre parti pour l'un ou pour l'autre et qui s'efforce de réconcilier les forces opposées[17]?

Pour lui les chrétiens comprennent mal le vrai sens de la réconciliation. Elle ne doit pas se faire au détriment de la vérité et de la justice. Il constate d'ailleurs trois erreurs dans l'appréciation des conflits. «La première erreur est de croire que des malentendus sont à la base de tous les conflits et que les deux parties ont toujours quelque chose à se reprocher[18].» Donc, nous n'aurions qu'à les aider à bien s'écouter pour régler le problème.

La deuxième erreur est «de croire qu'on peut rester neutre dans tous les conflits [...] Si nous ne prenons pas le parti des opprimés, nous prenons alors, même sans le vouloir, le parti des oppresseurs[19].» Une réconciliation sans justice pour les opprimés est une pseudo-réconciliation. Enfin, la troisième erreur «consiste à dire d'une manière générale que les chrétiens doivent toujours chercher la paix et maintenir un juste milieu dans toutes les disputes[20] [...]».

---

17. Albert NOLAN, *Prendre parti*, Montréal, Développement et Paix, 1979, p. 4.
18. Albert NOLAN, *op. cit.*, p. 6.
19. Albert NOLAN, *op. cit.*, p. 5.
20. Albert NOLAN, *op. cit.*, p. 6.

C'est donc dire qu'éviter les conflits et les tensions est plus important que la justice. Albert Nolan rattache cette attitude au manque de compassion pour les exclus et les opprimés.

La colère bloquée

Si la pitié et la compassion sont des expressions de base de la charité, l'indignation et même la colère doivent s'y ajouter pour pouvoir prendre le chemin de la justice sociale. Or dans la plupart des entrevues aucune réaction d'indignation ou de colère devant les souffrances des exclus, sinon à l'Ami-e du quartier et chez les trois responsables de paroisses qui ont des pratiques de justice. En général, l'amour semble exclure la colère. La pauvreté est une plaie, une fatalité de l'histoire qu'on se résigne à «soigner» faute de l'enrayer.

Les bénévoles, pour la plupart, sont sur un autre registre de sentiments et de valeurs. Ils diront: «On apporte l'espoir, le respect et la charité.» La situation des pauvres est rarement perçue et nommée en termes d'injustice, sinon à l'Ami-e du quartier. Même la constatation du rejet social que vivent les exclus, exprimée dans une paroisse, n'allume ni passion ni colère. Trouver des responsables des injustices et des exclusions conduirait à des remises en question et des conflits contradictoires avec les priorités de bonne entente et d'amour universel des paroisses et des maisons de quartier. Les équipes des maisons de quartier sont donc tout à fait honnêtes et cohérentes avec leur perspective de solidarité sociale et leurs valeurs.

La colère ne peut donc avoir de valeur positive chez les catholiques. Même si ce n'est pas celle qui exprime la haine et l'égoïsme, dira Albert Nolan, mais celle qui exprime l'amour et la compassion pour les opprimés.

> Plus grande est ma pitié pour les pauvres, plus forte sera ma colère contre les riches [...] Ma colère indique le degré de ma pitié, tout comme le courroux de Dieu est un signe de l'importance de son souci pour les pauvres. Si je ne peux éprouver un peu de courroux de Dieu contre les oppresseurs, mon amour et mon aide aux pauvres ne peuvent grandir et se développer[21].

21. Albert NOLAN, *Service du pauvre et spiritualité*, Montréal, Développement et Paix, p. 4.

Le seuil est là entre ceux qui visitent et accueillent avec grande compassion et ceux qui luttent pour la justice. Lorsque quelqu'un perçoit la pauvreté et ses séquelles comme injustice sociale et réagit par un sursaut de colère, comme atteint lui-même par cette injustice, il entre en solidarité par la porte de la justice. C'est ce que j'ai retrouvé à l'Ami-e du quartier, jusque dans le climat et le vocabulaire même. Cette attitude de base est commune chez des militants de l'Action catholique, de Développement et Paix, des militants des droits humains, des droits sociaux et des syndicalistes.

Le 11 mars 1993, lors d'une entrevue télévisée avec Pierre Bourgault à l'émission *Raison passion* de Radio-Canada, Denise Bombardier lui a demandé ce qui motivait des engagements sociaux aussi intenses. Était-ce le nationalisme? Il a répondu: «Ma motivation n'est pas dans le nationalisme mais dans l'indignation et la colère devant les injustices!» Dans une entrevue donnée au journal *Le Devoir*, Gregory Baum est présenté comme un homme en colère. «Une colère absolument non violente, saine et réfléchie, mais qui n'en est pas moins réelle[22] [...]»

> Ce monsieur, cet homme de Dieu, noble et respecté professeur de l'Université McGill en a contre tout ce qui empêche de vivre dignement, humainement: les injustices sociales qui pullulent à l'échelle planétaire, l'absence de compassion, le manque de solidarité[23].

Nous pourrions relever les innombrables colères du syndicaliste Michel Chartrand. Pour l'avoir déjà rencontré je sais qu'elles partent d'une indignation viscérale devant les injustices. Dans un style simple et coloré il a mis sa parole et sa colère au service des travailleurs abusés et exploités. Son fils Alain Chartrand a d'ailleurs réalisé, en 1992, un film sur la vie de son père intitulé justement: *Un homme de parole*. Il aurait pu dire un homme de colère.

Je m'en voudrais de laisser croire que les hommes ont le monopole de l'indignation et de la colère devant les injustices. Même si elles l'expriment différemment, avec force, intelligence et persévérance, l'indignation et la colère des femmes n'en sont pas moins

---

22. Stéphane BAILLARGEON, «L'homme-pont. Entrevue avec Gregory Baum», dans *Le Devoir*, 5 avril 1993, p. B1.

23. Stéphane BAILLARGEON, *art. cit.*, p. B1.

efficaces. Qu'il me suffise de nommer Simonne Monet-Chartrand, Léa Roback, Madeleine Parent, Margot Power, Christiane Sibilotte, Gisèle Ampleman, Lorraine Guay, Lucie Bélanger et tant d'autres femmes méconnues qui sont à connaître.

Ces exemples de personnes indignées et en colère démontrent que les grands engagements sociaux ne partent pas nécessairement de la tête mais des entrailles et que les émotions y ont leur place. Ces militants réagissent fortement à tout ce qui blesse la dignité humaine. Et leur colère les pousse à s'identifier aux exclus. Gregory Baum affirme: «Je m'identifie avec tous les marginaux, les pauvres, les exploités, les aliénés de la terre qui luttent pour leur dignité et leur salut[24].»

La colère peut donc être une expression de solidarité avec les exclus et une grande force de changement social lorsqu'elle s'enracine dans la compassion et la soif de justice. Il n'est pas étonnant qu'elle ait été discréditée au profit de la douceur et de la soumission. Ne retrouve-t-elle pas ses lettres de noblesse dans *L'alouette en colère* de Félix Leclerc?

Deux traditions à promouvoir

Bien qu'il existe dans notre histoire récente deux traditions fortes sur la solidarité avec les exclus, celle de l'Action catholique et celle de Développement et Paix, en général, elles n'ont pas eu d'impact majeur sur les pratiques et la spiritualité des membres des communautés chrétiennes.

En effet, l'action catholique spécialisée (JÉC, MECQ, JOC, MTC), a connu ses années de gloire dans les années 1950 et 1960, mais constitue présentement une bien petite semence dans l'Église du Québec. De plus, ses actions se sont organisées plutôt en marge du travail pastoral des paroisses, en lien avec les écoles, les syndicats, les groupes populaires ou des réseaux naturels du milieu. Le style d'analyse des problèmes sociaux, comme la pédagogie d'intervention, plus contestataire, a toujours détonné avec le style des paroisses, plus moralisant et entièrement tourné vers les sacrements, la liturgie et les œuvres de charité.

---

24. Stéphane Baillargeon, *art. cit.*, p. B1.

Les différences se sont accentuées avec la vague de politisation des mouvements d'action catholique dans les années 1970. Les quelques militants qui ont bénéficié de cette formation ne militent pas en paroisse mais dans des groupes populaires, des syndicats, des groupes de solidarité internationale ou en politique. Les paroisses ne profitent aucunement de leur expertise et de leur spiritualité.

Quant à Développement et Paix, qui existe depuis trente ans comme organisation officielle de l'Église catholique pour aider le tiers-monde, sa présence en paroisse est assurée par la campagne annuelle «Carême de partage». Et depuis longtemps déjà, la perspective du partage s'est doublée d'une pédagogie d'éducation populaire concrétisée par des thèmes en rapport avec les problèmes de pauvreté et de justice. La démarche de compréhension proposée constitue une véritable analyse sociale allant chercher les causes structurelles de la pauvreté.

Des actions conséquentes de solidarité, nécessairement économiques et politiques, sont présentées en paroisse mais obtiennent peu d'audience, que ce soit des responsables de paroisses ou des assemblées dominicales. La tradition Développement et Paix avec sa spiritualité de justice sociale n'a que très peu influencé le style de solidarité des paroisses avec les exclus. C'est toujours difficile de faire signer une simple pétition. Pourtant, comprendre les causes et les mécanismes des injustices dans le tiers-monde permettrait de comprendre aussi ce qui se passe ici. Ce serait très bousculant pour bien du monde...

Du partage à la justice

Peut-on passer du partage à l'accueil puis à la justice? Y a-t-il évolution de la pitié à la colère comme l'affirme Albert Nolan? Ou est-ce plutôt une option différente due à la personnalité et à l'histoire de chacun? Les personnes qui ont mis sur pied la P'tite Épaule et celles qui visitent les familles conservent au fil des années un même style de solidarité dans divers groupes d'entraide. Les exemples qu'elles ont donné de leurs engagements antérieurs confirment cette analyse.

De même les nombreux militants pour la justice que j'ai rencontrés tout au long de mes engagements sociaux ont un profil de personnalité et d'histoire semblables. Que ce soit ceux de l'Ami-e du quartier, du Carrefour d'Action populaire à Saint-Jérôme, ceux des syndicats, des groupes pacifistes et écologiques. Leurs solidarités remontent souvent jusqu'à l'école polyvalente, le quartier ou l'usine où ils se sont impliqués dans des conflits parce qu'ils sentaient l'injustice et s'en indignaient.

Les options et les pratiques de solidarité s'enracinent profondément dans la personnalité, l'histoire et les choix du bénévole ou de l'intervenant pastoral. Bien qu'il y ait évolution, approfondissement de l'engagement, la matrice de fond, l'orientation de base, le style restent les mêmes, depuis l'origine. Mais la solidarité s'articule d'autant plus originalement et efficacement qu'elle devient de plus en plus un choix, une option libre et qu'elle approfondit. Nos pratiques nous ressemblent de plus en plus et nous façonnent en même temps. Si l'on passe du partage à la justice sociale c'est que cette orientation couvait déjà dans son histoire. C'est souvent le choc d'une conversion devant les injustices qui propulse une personne en justice sociale.

Si je pense à deux personnages connus comme le cardinal Léger et l'évêque Roméro, les deux ont vécu une conversion au contact des pauvres. L'un a pris le chemin du partage et de l'accueil, l'autre celui de la justice. Jean Vanier a un style bien adapté à l'accueil des handicapés intellectuels et physiques. Michel Chartrand a un beau style syndical... qui n'est pas interchangeable avec celui de Jean Vanier ou de mère Teresa. La personnalité profonde de chacun et l'appel intérieur reçu déterminent le style d'engagement. La radicalité de l'Évangile peut trouver son compte dans chacun de ces styles de solidarité.

D'autre part, les orientations et priorités pastorales de l'Église centrées sur les sacrements et la liturgie contribuent au maintien de leaders aux pratiques de solidarité centrées sur le partage et l'accueil. Malgré des discours contraires, l'Église comme communauté semble incapable de prendre le parti des pauvres, de marcher solidairement avec eux. Les blocages psychologiques, politiques et spirituels des catholiques et de leurs pasteurs sur le parti pris et la colère bouchent l'horizon pour élargir les solidarités jusqu'à la justice. Si Rome ne va pas jusqu'à tuer les prophètes comme Jérusalem le faisait, elle les marginalise et les fait taire.

Un contexte social d'anti-solidarité

Que ce soit les responsables de paroisses, les bénévoles des comités de dépannage, les intervenants en pastorale ou les membres des communautés chrétiennes, tout ce monde vit dans un contexte social avec ses choix de société, ses défis, ses rapports de pouvoir. La foi et ses manifestations ne manquent pas d'être influencées par les valeurs de ce monde. Je voudrais donc ici élargir les horizons de la problématique pour préciser quelques-unes de ces influences culturelles.

Nous vivons, au Québec, dans un environnement marqué par l'idéologie capitaliste de type libéral en économie et par un système démocratique parlementaire en politique. Nous sommes à l'ère de la mondialisation des marchés et dans un contexte de crise économique qui produit partout une dure et longue récession. Restructuration du marché, fusions, rationalisation des opérations provoquent des mises à pied massives, des fermetures d'entreprises, des faillites, la précarisation de l'emploi, des niveaux records de familles sur l'aide sociale. Le coût humain du profit dans un marché apparemment libre est énorme.

L'entrepreneurship est la grande vertu de l'heure avec la discipline et la performance comme corollaire. La compétitivité au plan mondial est le grand défi à relever, la réussite économique le grand critère pour réussir sa vie. Le message est clair: ceux et celles qui réussissent, qui ont de l'argent, ont travaillé dur. Donc ils ont mérité leur succès. Ils sont honorables. Les autres, les pauvres, les «misérables», les «non-producteurs», récoltent également ce qu'ils ont semé... Ils sont les perdants du grand jeu économique. C'est une approche individualiste où, comme dans la jungle, le mieux adapté survit. Ce «virage économique» est bien exprimé dans l'expression «Québec Inc.», comme si tout le Québec était considéré comme une grande entreprise[25].

---

25. Alain Dubuc a donné une conférence sur ce thème devant la Chambre de commerce du Montréal métropolitain. Des extraits de ses propos sont rapportés dans *La Presse* du 24 avril en page B3. Il dit, entre autres choses: «Québec Inc., c'est l'équivalent économique de la Révolution tranquille.» D'abord, sur le plan social, on a assisté à un important changement de valeurs de la population québécoise, qui a découvert le monde financier, appris à accepter le succès et les profits et développé un *culte des entreprises*.

Les choix sociaux influencent grandement les réactions populaires devant le phénomène de l'appauvrissement. À une vision sociale des rôles responsabilisant surtout les individus correspondent des solutions individualistes. Chacun doit s'en sortir du mieux qu'il peut. Dans le grand jeu de la compétition internationale, il est normal que les faibles se retrouvent pauvres. Il reste important, moralement, de soulager leur misère, pourvu qu'on ne touche pas aux règles du jeu. Le dépannage individuel est tributaire de cette logique.

Le théologien Gregory Baum témoigne ainsi de l'opposition entre la culture ambiante et les exigences de justice sociale:

> Nous sommes devenus les témoins d'une tendance culturelle néo-conservatrice qui met l'accent sur l'ambition personnelle et la libre entreprise, tâche de nous réconcilier avec l'inégalité sociale et nous donne bonne conscience quand nous nous efforçons avant tout de nous mettre en valeur. Cet esprit néo-conservateur provoque une hostilité toute particulière envers le mouvement de justice sociale des Églises chrétiennes[26].

En politique, nous vivons un désabusement profond par rapport aux vertus de la démocratie. Nous avons perdu confiance depuis assez longtemps dans les politiciens et leurs promesses. Le long débat constitutionnel a beaucoup contribué à l'écœurement populaire devant le politique. Les incessants scandales et conflits d'intérêt

---

Parlant des fruits de cette ère nouvelle, il signale: «le développement rapide des PME, la montée de l'entrepreneurship, le développement d'outils financiers, une participation plus intelligente de l'État, la découverte du placement chez les citoyens». Il y a environ le quart des citoyens qui ont des placements dans des entreprises.

Il ajoute plus loin qu'au plan éthique il faut retrouver les valeurs de dépassement de soi, de travail et d'efforts que nous avons oubliées au fil des ans: «Ne pas avoir peur du succès et de l'excellence.» Bien sûr, il y a un prix à payer, des sacrifices à faire. Il faut changer le contrat social. «Il faut nous débarrasser de la théologie de l'État-providence des années soixante-dix.» Il suggère «d'assortir le nouveau contrat social d'un sens de la justice, pour éviter que le poids du changement ne repose que sur certaines épaules». Les mieux nantis devront sacrifier des exemptions fiscales comme les gains en capital. Mais l'envers de la médaille concerne les exclus: «Il n'est pas normal que la collectivité subventionne ceux qui choisissent de ne pas travailler.» Ont-ils le choix?

26. Gregory BAUM, *Compassion et solidarité*, Montréal, Bellarmin, 1992, p. 44.

chez les élus comblant la mesure. Les gouvernements, à divers niveaux, ne veulent pas s'attaquer sérieusement et efficacement aux problèmes économiques, particulièrement au chômage. Ils ont même cherché à minimiser sinon à nier carrément l'ampleur de la crise économique... Les pouvoirs politiques et économiques défendent efficacement leurs intérêts.

Cherchant des boucs émissaires plutôt que d'aller aux causes des problèmes économiques, les gouvernements ciblent des groupes sociaux pour détourner l'attention, comme les assistés sociaux, les chômeurs. Ils sont tenus responsables des énormes dépenses de l'État. Il est annoncé publiquement et copieusement que plusieurs trichent et se la coulent douce au détriment des honnêtes et infatigables travailleurs qui paient des taxes pour eux. De plus en plus pèse sur les pauvres un soupçon de paresse, de culpabilité, de malhonnêteté. Pourquoi alors chercher les causes ailleurs quand nous avons des coupables sous la main? Alors l'État qui veille au grain sévit contre ces «abuseurs». Ces manœuvres sèment dans la population des préjugés tenaces envers tous les pauvres. Ils se retrouvent donc bien établis chez les paroissiens aussi.

L'État a même modifié la fiscalité à l'avantage des classes riches, grugeant davantage les acquis de la classe moyenne. Les mesures de sécurité sociale mises en place de haute lutte ne résistent pas aux nouvelles règles du jeu qui demandent le moins d'intervention possible de l'État. Laissons jouer les forces du marché. L'ensemble de ces politiques économiques néo-libérales sont bien davantage au service de la classe dominante qu'au service de la population en général. Cette idéologie qui prêche la justice et le bien-être pour tous par l'abondance des richesses produit plutôt de plus en plus d'exclus, multipliant les tiers-monde, ici et partout ailleurs.

Comme les paroissiens, surtout de classe moyenne, bénéficient encore des nombreux avantages de la société de consommation, ils ne sont pas intéressés à remettre en question les assises de leur bien-être matériel. Ils ont plutôt l'impression que l'État aide grassement les pauvres, les immigrants, les Amérindiens, etc. Perméables à la publicité gouvernementale et aux opinions des animateurs de lignes ouvertes, ils adoptent les condamnations de l'État et les préjugés populaires sans les confronter à l'Évangile ou à une meilleure connaissance des pauvres eux-mêmes. Au contraire, le climat social semble contribuer à les éloigner des exclus et les fermer à la compassion.

La charité récupérée

Il reste aux élites au pouvoir à mousser la solution «charité» pour éviter que la marmite sociale ne saute. Il n'y a jamais eu autant de générosité depuis ces années de crise, selon les organisateurs de campagnes de charité. L'éditorial du président et éditeur de *La Presse*, Roger D. Landry, à l'occasion de Noël (26 décembre 92), reflète très bien cette idéologie de la charité. Sous le titre «Pour que demeure la joie de Noël», il constate d'abord les misères et injustices de ce monde. Il évoque quelques causes sociales comme la «difficile situation économique» et «les luttes inspirées par l'égoïsme, la soif de l'argent, l'ambition du pouvoir, le fanatisme».

La perspective est centrée bien plus sur la responsabilité individuelle, l'attitude immorale, le mauvais sort que sur la dynamique des rapports sociaux. Il parle des pauvres comme «les plus faibles d'entre nous», «ceux-là qui ne se croient pas aimés», «ces hommes, ces femmes, ces enfants qui souffrent dans leur corps comme dans leur cœur de la dureté d'une vie devenue difficile». Comme si les humains n'avaient aucun pouvoir sur la vie et les rapports entre vivants... Finalement cet éditorial est une complainte naïve, une constatation superficielle bien plus qu'une analyse. Il n'aide en aucune façon à comprendre ce qui se passe et encore moins à y changer quelque chose.

En conséquence, il suggère «le recours aux fondements profonds de l'humanisme et l'appel à ces forces intérieures que sont la foi, la charité et l'amour». Cette perspective conduit à

> savoir s'aimer les uns les autres [...] dans ces gestes concrets capables de faire sentir à ceux-là qui ne se croient pas aimés qu'ils le sont, en réalité, par d'autres qu'ils ne connaissent même pas [...] mais qui leur auront donné une preuve de leur amour.

S'aimer les uns les autres en partageant les miettes de sa table, est-ce bien là l'idéal évangélique? Il termine sur la nécessité de prolonger les paniers de Noël à longueur d'année... C'est une charité bizarre, suspecte même, car les rapports sociaux, économiques et politiques ne changent pas. Ils demeurent injustes. Mais on a soulagé des pauvres de leur misère et notre conscience de sa culpabilité. On peut fêter en paix.

C'est ce discours et sa pratique de charité paternaliste qui se retrouvent chez de nombreux dirigeants d'institutions sociales régionales et chez des politiciens qui se situent ouvertement comme chrétiens. L'idéologie de ces élites favorise une réponse émotive à la pauvreté et complètement inoffensive envers ceux qui profitent du désordre établi. Même Centraide semble tributaire de cette idéologie, elle qui supporte massivement les groupes d'entraide mais se tient loin de ceux qui sont trop politisés, contestataires ou même féministes... Il ne faut surtout pas changer les règles du jeu social. La charité peut alors devenir socialement une façade embellissant une maison remplie de rejet, d'injustices, de mensonges et d'intolérance.

L'idéologie capitaliste a récupéré ici un message central de l'Évangile, l'amour du prochain, pour en faire une entreprise rentable. Il y aura toujours des pauvres, personne n'y peut rien. Ne cherchons pas à comprendre ce qui se passe avec audace et intelligence mais agissons rapidement avec simplicité et cœur. Comme si ces deux perspectives s'opposaient! Les pouvoirs les opposent habilement, acceptant les œuvres de charité sur le terrain social mais y refusant les questions de justice, renvoyant même les évêques à leurs messes lorsqu'ils posent les vraies questions.

Ces éléments importants de la culture occidentale et de la culture chrétienne se conjugent pour déresponsabiliser socialement les chrétiens dans leur rôle de citoyens. Le désabusement politique, le désengagement social par délégation des responsabilités à des spécialistes et les pratiques économiques déshumanisantes représentent les principales causes sociales limitant la solidarité des chrétiens avec les exclus.

Dans l'Église même, une tradition dominante de charité sans emprise sur les causes des injustices et la valorisation de l'esprit de soumission aux autorités par opposition à un esprit critique et autonome complètent le mur qui barre la route aux engagements pour la justice sociale et des transformations sociales radicales[27].

---

27. Sur cette question des résistances des catholiques eux-mêmes au mouvement de justice sociale dans l'Église, voir Gregory BAUM, *Compassion et solidarité,* chapitre deuxième.

Conclusion

Nous avons vu que l'indignation et la colère comme la capacité de prendre parti sont des ingrédients essentiels dans la lutte pour la justice sociale. N'entre pas qui veut dans la lutte car ce chemin implique une option de fond qui correspond à un style de personnalité combatif qui saisit les enjeux sociaux de justice et y répond avec ses entrailles. Il y a également des risques de toutes sortes à se compromettre avec les exclus et il faut être prêt à les assumer. La paroisse ne produit presque pas de tels militants. Ils poussent à la JOC, au MTC, à Développement et Paix, dans des communautés religieuses et ailleurs, dans des groupes populaires, des syndicats, des groupes de défense des droits humains. Heureusement. Ce n'est pas en paroisse non plus qu'ils trouvent le ressourcement et l'appui dont ils ont besoin.

Il semble que l'Église ne prend pas au sérieux les constatations qu'elle fait, comme celles de la recherche-action de l'Assemblée des évêques du Québec, qui réalise l'absence massive de ses communautés dans les enjeux de justice sociale. Le diocèse de Saint-Jérôme, pour sa part, n'enligne pas ses priorités pastorales sur les chemins des exclus, ni sur la justice sociale. Tout au plus essaie-t-il péniblement d'être à l'écoute du monde dans la foulée et l'esprit de sa recherche-action. Des effectifs pastoraux réduits sont de plus en plus mobilisés par l'entretien et l'administration, dans des conditions de travail de plus en plus difficiles et avec de moins en moins de ressources financières[28].

En plus des effets stérilisants du climat social matérialiste, défaitiste et individualiste sur ses membres, l'Église contribue ainsi elle-même à négliger ses possibilités d'engagements pour la justice. Car elle ne prend pas résolument le chemin des exclus, ni ne prend parti clairement et fermement, avec ses membres, dans les enjeux qui les concernent. Ou elle le fait d'en haut, sans susciter à la base les débats nécessaires au mûrissement du discernement et de la responsabilité chez ses membres. Elle ne modifie pas ses structures de travail et ses priorités pour favoriser le développement de nouvelles

28. Sur ces tensions, défis et contradictions qui tiraillent le monde des agents de pastorale, consulter le cinquième volume de la recherche-action du diocèse de Saint-Jérôme *Entre l'arbre et l'écorce*, sous la direction de Jean-Marc Charron et Jean-Marc Gauthier, Fides, 1993.

pratiques de solidarité. Finalement, c'est l'identité chrétienne elle-même et les pratiques de solidarité de l'Église qui deviennent en porte-à-faux par rapport à celles de Jésus dans l'Évangile.

Qu'en est-il des exigences de l'Évangile et des pratiques de Jésus sur la solidarité avec les pauvres? Dans la prochaine partie nous allons dégager les diverses pratiques de Jésus avec les exclus de son époque. Quels rapports a-t-il établi avec eux? Qu'a-t-il fait lui-même et qu'attendait-il de ses disciples? Jésus s'est compromis avec les exclus et il l'a fait jusqu'au bout, confrontant les pouvoirs civils et religieux, y laissant même sa vie. Qu'est-ce qui empêche l'Église d'ici de le suivre sur ces chemins?

Il est également très instructif et inspirant de relire la vie de Moïse sous l'angle de la justice sociale. Nous voyons alors un assoiffé de justice s'indigner, se mettre en colère, résister aux appels intérieurs et extérieurs pour être enfin emporté par le feu du buisson ardent. C'est étonnant de voir comment des engagements sociaux pour la justice conduisent à réaliser la volonté de Dieu, la libération d'un peuple de ses servitudes, et même à le rencontrer presque face à face.

CHAPITRE TROISIÈME

Deux modèles de justice sociale: Jésus et Moïse

L'angle d'approche pour comprendre évangéliquement les résistances à la justice est donc celui des rapports entre la foi au Dieu de Jésus-Christ et cette justice sociale. J'aborde donc l'Évangile avec mon histoire, mes pratiques sociales de croyant solidaire des exclus et d'intervenant en pastorale sociale, celles de mon Église et de ma société. À travers ma soif de justice, c'est mon époque et mon milieu, c'est la multitude des exclus qui questionnent l'homme de l'Évangile à la recherche de chemins d'espoir et de libération. C'est aussi un cri de colère et de douleur devant des montagnes d'injustice et tant de tiédeur chez les disciples de Jésus.

On ne peut donc se dégager de sa réalité historique pour comprendre l'histoire en général et celle de Jésus en particulier. Mais ce qui constitue notre limite peut devenir notre force si nous portons consciemment les angoisses et les espoirs de notre temps. Car l'homme de l'Évangile s'est totalement incarné dans son époque, portant en lui-même les soifs profondes de ses contemporains pour la justice et la libération de toutes les oppressions. C'est donc en y étant nous-mêmes totalement investis que nous pourrons mieux comprendre les doutes (tentations), les colères et les solidarités de cet homme et les rapports avec les nôtres aujourd'hui. C'est d'ailleurs l'intuition d'Albert Nolan que notre époque, avec ses risques réels de fin du monde, d'extinction de toute vie sur la planète, et une certaine désespérance, présente des similitudes avec l'époque de Jésus, facilitant d'autant les rapprochements.

Albert Nolan précise justement:

> Nous n'avons pas le choix en la matière. La seule perspective qui nous est offerte est celle qui nous est donnée par la situation historique dans laquelle nous nous trouvons [...]
>
> Cependant, toutes les perspectives ne se valent pas. Les perspectives des époques successives ne sont pas également valables ou vraies [...]
>
> Alors, en dépit de la distance qui nous sépare, on se trouve tout à coup capable de voir ce passé avec beaucoup plus de clarté qu'aucune des générations précédentes. Et je prétends que c'est ce qui nous arrive aujourd'hui par rapport à Jésus de Nazareth[29].

L'appauvrissement croissant et l'asservissement à la divinité économique d'une grande majorité de la population mondiale, l'expansion des violences — intolérance, racisme, génocides, torture —, même par l'État, et les agressions contre la nature constituent donc des points d'ancrage dans notre temps pour questionner l'époque de Jésus et les pratiques de justice de ce dernier. En contrepartie, les signes d'espérance qui abondent — innombrables réseaux de solidarité et de défense des droits humains à l'échelle de la planète, innombrables gestes d'amour, de courage et de réconciliation dans le secret du quotidien, écroulement inattendus des murs qui divisaient (Berlin), des empires qui asservissaient (URSS) ou des États qui torturaient —, signes qui annoncent la venue prochaine de l'aurore et dirigent notre attention sur l'essentiel de la mission de Jésus: la libération, par grâce, de toute servitude et la révélation de l'amour de Dieu son Père.

Nous allons donc voir concrètement que Jésus a développé ses solidarités sociales en milieu populaire, soit les pauvres et les exclus de son temps. Il a donné plusieurs visages à sa solidarité: fréquentation assidue des opprimés, absence de jugement et de condamnation, foi dans les personnes méprisées et humiliées, consolation et guérison, défense de la dignité et de la liberté, contestation des pouvoirs civils et religieux. Les trois visages de solidarité identifiés et utilisés

---

29. Albert NOLAN, *op. cit.*, p. 16.

dans ce chapitre sont le résultat de ma compréhension des pratiques observées dans l'Église de Saint-Jérôme et chez Jésus. Elles pourraient être comprises ou regroupées autrement.

Mais je vais m'attarder davantage à ses interventions de justice sociale que je compare à sa montée à Jérusalem, symbole de tous les pouvoirs. À partir de son amour de compassion et de son sens de la dignité humaine, à partir aussi de son parti pris pour les exclus, Jésus va critiquer avec colère les abus de pouvoir de son milieu. Ce qui ne manquera pas de provoquer étonnement, crainte et résistance parmi ses propres disciples.

Le chemin difficile de la justice sociale comporte les mêmes exigences que Jésus demande à qui veut le suivre: être prêt à se départir de sa vie pour les autres. Jésus le premier le fera. Pour aller aussi loin avec lui comme avec les exclus, il faut approcher le feu inépuisable de la compassion qui brûle au fond de notre cœur comme un buisson ardent...

Le buisson ardent rappelle la figure de Moïse. Moïse qui est l'exemple d'un militant pour la justice. Moïse dont la vie illustre l'importance d'aller jusqu'à la source de ses soifs et motivations, soit Dieu lui-même, pour ne pas demeurer un simple justicier ou un vengeur mais devenir véritablement «agent de libération» en Église. Il n'interviendra plus de lui-même mais au nom d'un autre, le tout Autre, qui seul, comme pour Jésus, peut enraciner et justifier une mission de justice dans la compassion.

Le prophète Jésus

«Donnez-leur vous-mêmes à manger»

La scène se passe dans un endroit désert. Le soir venu, alors que Jésus avait guéri les infirmes et leur avait enseigné beaucoup de choses...

> Il les amena et se retira à l'écart du côté d'une ville appelée Bethsaïde. L'ayant su les foules le suivirent. Jésus les accueillit; il leur parlait du Règne de Dieu et il guérissait ceux qui en avaient besoin.
>
> Mais le jour commenca de baisser. Les Douze s'approchèrent et lui dirent: «Renvoie la foule; qu'ils aillent loger dans les villages et les hameaux des environs et qu'ils y trouvent à manger, car nous sommes ici dans un endroit désert.» Mais il leur dit:

> «Donnez-leur à manger vous-mêmes.» Alors ils dirent: «Nous n'avons pas plus de cinq pains et deux poissons... à moins d'aller nous-mêmes acheter des vivres pour tout le peuple.» Il y avait en effet environ cinq mille hommes. (*Luc* 9,10-14)

C'est Jésus qui ouvre la porte à ce partage. Les Douze allaient renvoyer la foule. Jésus avait déjà éprouvé de la compassion pour ces gens dès son arrivée. Il renvoie aux Douze la responsabilité de les nourrir. Malgré le peu de moyens, cinq pains et deux poissons, il y en aura pour tout le monde et amplement de restes. Miracle du pain multiplié ou miracle de l'acceptation du partage entre tous?

Pour Albert Nolan la perspective de Jésus va plus loin. Pour lui, le miracle «c'est que tant d'hommes aient, d'un coup, oublié leurs réflexes possessifs pour reconnaître enfin qu'ils avaient de quoi satisfaire tout le monde[30] [...]».

Il y a donc pour les Douze, pour l'Église, une responsabilité à partager et à susciter le partage dans la communauté et la société. Ce partage a aussi l'avantage de rendre plus libre face aux biens matériels. Dans les premières communautés chrétiennes il y aura même mise en commun des biens de chacun: «Ils vendaient leurs propriétés et leurs biens, pour en partager le prix entre tous, selon les besoins de chacun.» (*Ac* 2,45) Si cette pratique changea avec le temps, le souci du partage demeura une priorité d'Église comme le démontre la solidarité de l'Église d'Antioche envers celle de Jérusalem lors d'une grande famine (*Ac* 11,27-30).

Cette pratique du partage des biens matériels prend aujourd'hui la forme de l'aumône. La charité va plus loin, jusqu'au partage de sa personne, jusqu'au au don de sa vie. «Il n'y a pas de plus grande preuve d'amour que de donner sa vie pour ceux qu'on aime.» (*Jn* 15,13)

En signalant l'obole de la veuve au Temple (*Mc* 12,41-44), Jésus précisera que ce qui a du sens n'est pas la quantité des biens donnés mais le rapport à son essentiel. «Car tous ont mis en prenant sur leur superflu, mais elle, elle a pris sur sa misère pour mettre tout ce qu'elle possédait, tout ce qu'elle avait pour vivre.» (*Mc* 12,44)

Il fera également remarquer, à partir de la conversion de Zachée, que ce partage est signe de conversion et contribue à rendre justice. «Eh bien, Seigneur, je fais don aux pauvres de la moitié de mes biens

---

30. Albert NOLAN, *Jésus avant le christianisme*, p. 74.

et, si j'ai fait tort à quelqu'un je lui rends le quadruple.» (*Lc* 19,8) Jésus déclare alors que «le salut est venu sur cette maison». Plus que de donner simplement, c'est le rapport humain, au plan social, économique et politique qui change. L'exploiteur se transforme en frère bienveillant, c'est-à-dire soucieux du bien-être des autres. Si le partage fait donc partie de la mission de l'Église dans le monde, il doit changer la qualité de nos rapports avec les autres, incluant les groupes sociaux.

«Les boiteux marchent»

Les visites des malades, des personnes âgées et des prisonniers, et en particulier les centres d'entraide et les maisons de quartier qui accueillent les exclus, avec leurs œuvres de support et de réanimation des personnes favorisant l'autonomie et l'intégration sociale, correspondent bien aux actions de guérison et aux miracles dans la vie de Jésus. Retrouver sa place dans la société, c'est se lever et marcher droit, avec dignité et fierté.

Au temps de Jésus, la maladie, comprise comme un effet visible du péché, stigmatisait les personnes. Les aveugles, les boiteux, les sourds, les lépreux en particulier étaient méprisés et même, dans le cas des lépreux, exclus socialement. Les personnes troublées psychologiquement étaient des possédées, encore exclues. Les délinquants de toute sorte étaient aussi exclus du peuple choisi, donc du salut. Jésus quant à lui fait bon accueil à tous et va même à leur rencontre, mangeant et buvant avec eux. Il y voit une part importante de sa mission lorsqu'il lit le rouleau d'Esaïe à Nazareth.

> L'Esprit du Seigneur est sur moi parce qu'il m'a conféré l'onction pour annoncer la bonne nouvelle aux pauvres. Il m'a envoyé proclamer aux captifs la libération et aux aveugles le retour à la vue, renvoyer les opprimés en liberté, proclamer une année d'accueil pour le Seigneur. (*Luc* 4,18-19)

D'ailleurs lorsque Jean cherche à savoir si Jésus est bien celui qui doit venir, il guérit beaucoup de gens malades et infirmes, et il répond en se référant à ces signes du règne de Dieu:

> Allez rapporter à Jean ce que vous avez vu et entendu: les aveugles retrouvent la vue, les boiteux marchent droit, les lépreux

sont purifiés et les sourds entendent, les morts ressuscitent, la bonne nouvelle est annoncée aux pauvres [...] (*Luc* 7,22)

Être guéri, être libéré des oppressions, des captivités, retrouver la vue, l'ouïe, la joie de vivre, marcher droit, prendre sa place dans la dignité constituent des gestes de bonté gratuite de Dieu envers les humains, des signes de la solidarité de Dieu avec l'humanité en Jésus. La venue du règne de Dieu s'accompagne de cette abondance de vie, de liberté et de dignité.

La parabole du bon Samaritain (*Lc* 10,29s) illustre bien l'importance de dépasser l'aumône et le partage. Quand il s'agit du prochain c'est au cœur de mener l'action. L'homme blessé se verra soigné, recueilli, conduit à l'auberge, nourri, réconforté. Il y a une abondance d'attention qui ne peut que s'enraciner dans la compassion, l'amour du prochain comme soi-même. «Quand tu donnes un festin, invite des pauvres, des estropiés, des boiteux, des aveugles, et tu seras heureux parce qu'ils n'ont pas de quoi te rendre.» (*Lc* 14,13-14) C'est pourquoi Jésus insistera à plusieurs reprises pour que ses disciples dépassent la Loi, pardonnant sans fin et allant jusqu'à aimer ses ennemis (*Mt* 5,43-48).

L'Église pour poursuivre cette mission de Jésus doit se donner des moyens de guérir, de libérer, physiquement et psychologiquement, et d'être solidaire des opprimés et humiliés de la terre. Promouvoir la réintégration sociale et spirituelle des exclus de toutes sortes et défendre leurs droits change vraiment les rapports entre les humains et contribue à guérir bien des blessures.

«Montons à Jérusalem»

L'ABUS DE POUVOIR ET L'HYPOCRISIE. — Si Jésus n'a pas invité directement ses disciples à se mêler des questions de justice sociale, il l'a fait lui-même. Ceux qui ont fait les frais des remises en question et colères de Jésus, ce sont surtout les chefs du peuple, les scribes et les pharisiens, qui se servaient de la loi et de leur pouvoir pour exclure et condamner. Ils n'avaient plus en vue le culte à Dieu, ni la justice, ni l'amour qui en sont des corollaires. Ils étaient hypocrites et profiteurs. Même avec la loi de Moïse, ils passaient à côté de l'essentiel: l'amour de Dieu et du prochain. Ils se servaient de la loi pour exclure, fermer la porte du Royaume et opprimer. Jésus va les confronter sans ménagement. Matthieu résume ces accusations de Jésus lors d'une colère mémorable:

> [...] les scribes et les pharisiens siègent dans la chaire de Moïse: [...] ils lient de pesants fardeaux et les mettent sur les épaules des hommes, alors qu'eux-mêmes se refusent à les remuer du doigt... Malheureux êtes-vous, scribes et pharisiens hypocrites, vous qui barrez aux hommes l'entrée du Royaume des cieux! [...] Insensés et aveugles! [...] vous négligez ce qu'il y a de plus grave dans la Loi: la justice, la miséricorde et la fidélité. [...] vous qui ressemblez à des sépulcres blanchis: [...] au-dehors vous offrez aux hommes l'apparence des justes, alors qu'au-dedans vous êtes remplis d'hypocrisie et d'iniquité [...] (*Mt* 23,2-28)

S'il y a tant d'indignation et de colère en Jésus c'est qu'il y va du «plus grave dans la Loi: la justice, la miséricorde et la fidélité» (*Mt* 23,23). Il y a du monde qui souffre et qui se voit interdire les portes du Royaume des cieux par ceux-là même qui sont chargés de les ouvrir. Cela est insupportable à Jésus.

La colère divine. — Sans supposer que Jésus allait à Jérusalem expressément pour confronter les pouvoirs, car c'était aussi la Pâque, il savait bien, en homme avisé, que cela se produirait. Ses critiques acerbes des divers responsables religieux ne pouvaient que menacer leur pouvoir et contribuer à s'en faire des ennemis déterminés à l'éliminer. Jésus s'était compromis pour ne pas dire positionné avec les exclus. Il a même passé pour glouton, buveur et pécheur (*Lc* 5,30). Ce parti pris le menait tout droit à une collision avec les pouvoirs.

Jésus annonce donc qu'il va monter à Jérusalem, qu'il va y être rejeté violemment et même être tué par les chefs du peuple au nom même de Dieu.

> À partir de ce moment, Jésus-Christ commença à montrer à ses disciples qu'il lui fallait s'en aller à Jérusalem, souffrir beaucoup de la part des anciens, des grands prêtres et des scribes, être mis à mort, et le troisième jour ressusciter. (*Mt* 16,21)

La perspective de cette étape cruciale et particulièrement éprouvante de la vie de Jésus a ébranlé son entourage et Jésus lui-même, comme en témoignent le refus de Pierre (*Mt* 16,22) et la prière de Jésus à Gethsémani (*Mt* 26,42). Personne n'avait envie d'y laisser sa peau. Va pour prêcher la Bonne Nouvelle, partager les biens, accueillir et guérir, mais confronter les pouvoirs c'est courir à sa perte. Donc, «Pierre le tirant à part, se mit à le réprimander, en disant: Dieu t'en préserve, Seigneur! Non, cela ne t'arrivera pas!» (*Mt* 16,22) Jésus ne l'entendait pas ainsi et fit savoir à Pierre qu'il devenait une tentation, celle de passer à côté de la volonté du Père. Et Marc d'ajouter alors qu'ils montaient à Jérusalem: «Ils étaient effrayés, et ceux qui suivaient avaient peur.».(*Mc* 10,32).

À Jérusalem, confrontation il y eut. Jésus entra en roi dans la capitale et fit scandale au Temple, dénonçant le commerce qui se faisait jusque dans la maison de Dieu. Il prophétisa même la destruction du Temple, les assises sacrées du pouvoir en Israël?

> Puis Jésus entra dans le Temple et se mit à chasser ceux qui vendaient. Il leur disait: «Il est écrit: ma maison sera une maison de prière; mais vous, vous en avez fait une caverne de bandits.» Il était chaque jour à enseigner dans le Temple. Les grands prêtres et les scribes cherchaient à le faire périr, et aussi les chefs du peuple [...] (*Lc* 19,45-47)

«Ma maison» qu'est-ce à dire? Le Temple, demeure de Yahwé, centre de la religion et du pouvoir tout à la fois. Le Temple pour la prière devenu temple commercial. Il leur reproche de se servir de Dieu comme des commerçants sinon des voleurs, pour leur profit. Ils trahissent les intentions de Dieu en son nom. La maison de Dieu n'est pas aussi tout être humain? Il y a de quoi faire une bonne colère.

L'indignation et la colère sont des sentiments fréquents dans la vie de Jésus. Mais ils ne sont pas premiers. Il y a d'abord son immense amour pour l'humanité, surtout pour ceux qui sont blessés, marginalisés et exclus. «Ce ne sont pas les bien-portants qui ont besoin de médecin, mais les malades. Je suis venu appeler non pas les justes, mais les pécheurs.» (*Lc* 5,31-32) Ce sont ceux qui sont la cause de ces exclusions qui feront les frais de ses colères.

CELUI QUI AIME SA VIE LA PERD. — Lorsque Jésus annonce aux apôtres les confrontations prochaines avec les pouvoirs, il prend le temps d'ajouter les exigences ou conditions pour le suivre. Ainsi Jean rapporte: «Celui qui aime sa vie la perd, et celui qui cesse de s'y attacher en ce monde la gardera pour la vie éternelle.» (*Jn* 12,25) Et: «Si quelqu'un veut me servir, qu'il se mette à ma suite, et là où je suis, là aussi sera mon serviteur.» (*Jn* 12,26) Puis dans Matthieu:

> Si quelqu'un veut venir à ma suite, qu'il renonce à lui-même et prenne sa croix, et qu'il me suive. En effet quiconque veut sauver sa vie, la perdra; mais quiconque perd sa vie à cause de moi, l'assurera. (*Mt* 16,24-26)

Il s'agit de faire passer Jésus avant toute autre considération, même sa propre vie. Suivre Jésus sur ses pas, dans ses pratiques, quelles que soient les conséquences. Être là où il a été et sera, principalement avec les exclus. Ce n'est pas une mince affaire. Pourtant de tels choix se présentent tous les jours avec tous les prochains et les exclus sociaux qui croisent notre chemin.

Mais il est tellement difficile de marcher sur de tels chemins que Pierre, pourtant chaud partisan de Jésus, l'a renié devant les risques d'être arrêté avec lui. À la servante qui lui demande devant les autres: «Toi aussi, tu étais avec Jésus le Galiléen!» Pierre «se met à jurer avec des imprécations: "je ne connais pas cet homme"» (*Mt* 26, 69-74). Pourtant Jésus avait prié pour lui: «Simon, Simon, Satan vous a réclamés pour vous secouer dans un crible comme on fait pour le blé. Mais moi j'ai prié pour toi, afin que ta foi ne disparaisse pas.» (*Lc* 22,31-32) Le dernier enjeu à mettre dans la balance c'est bien sa propre vie.

Mais qui reprocherait à Pierre sa déroute devant un Jésus qu'il ne reconnaît plus? Ce n'est plus le Jésus du «bon vieux temps», sage, joyeux, populaire, pas dangereux. Ce Jésus est devenu agressif avec les scribes et les pharisiens, exigeant envers ses disciples. Comble de la confusion, à Jérusalem, au moment critique, il se laisse prendre et juger sans se défendre au point de tout perdre, même sa propre vie. C'est à n'y rien comprendre.

AU NOM DE QUI? — Mais quiconque remet en question les autorités civiles et religieuses se fait nécessairement accuser de se prendre pour un autre. Jésus bousculant bien des traditions et certitudes depuis longtemps établies, il était légitime que l'autorité religieuse lui demande ses références. C'est d'ailleurs pourquoi la question fut aussi posée à Jésus, à Jérusalem même, la capitale, par les chefs des prêtres: «En vertu de quelle autorité fais-tu cela? Et qui t'a donné cette autorité?» (*Mt* 21,23) Il ne leur répondit pas directement. Il leur renvoya la question à propos de l'autorité de Jean le baptiste pour les confondre. Il proposa quelques paraboles dont celle des vignerons meurtriers. Dans cette parabole, c'est le roi qui envoie son fils...

Jean, pour sa part, pose cette question lors de la fête de la Dédicace, à Jérusalem toujours: «Jusqu'à quand vas-tu nous tenir en suspens? Si tu es le Christ, dis-le nous ouvertement.» Et Jésus de répondre: «Je vous l'ai dit et vous ne croyez pas. Les œuvres que je fais au nom de mon Père me rendent témoignage.» (*Jn* 10,24-25) Jésus n'avait-il pas dit qu'on juge un arbre à ses fruits? «ces œuvres même que je fais témoignent à mon sujet que c'est le Père qui m'a envoyé» (*Jn* 5,36).

Cette certitude d'être envoyé par un autre pour accomplir ses œuvres, pour faire sa volonté et non la sienne propre ressortira lors du débat intérieur de Jésus au Jardin des oliviers. Devant son arrestation imminente et la perspective de sa mort violente, Jésus aussi est saisi d'effroi et tenté de reculer, de passer ailleurs. «Mon âme est triste à en mourir.» (*Mt* 26,38) Il n'a pas envie de finir crucifié. «Que dirais-je? Père, sauve-moi de cette heure?» (*Jn* 12,27) Il fera son choix en fidélité à ses engagements de vie et à la volonté de son Père, soit aller jusqu'au bout. «Mon Père, s'il est possible, que cette coupe passe loin de moi! Pourtant, non pas comme je veux, mais comme tu veux!» (*Mt* 26,39) Comme le vrai pasteur, le vrai libérateur va jusqu'à donner sa vie s'il le faut au lieu de fuir ses engagements.

Cette fin dramatique va confirmer l'échec de sa mission. Il n'a pas réussi à rassembler les enfants d'Israël comme la poule ses poussins, dira-t-il (*Mt* 23,37). Alors il prie pour discerner, prendre une décision et agir en conséquence. Il fera la volonté de Celui qui l'a envoyé et non la sienne, même s'il ne comprend pas tout. «Lui, de condition divine, ne retint pas jalousement le rang qui l'égalait à Dieu. Mais il s'anéantit lui-même, prenant condition d'esclave, et devenant semblable aux hommes. [...] il s'humilia plus encore, obéissant jusqu'à la mort, et à la mort sur une croix. Aussi Dieu l'a-t-il exalté [...]» (*Ph* 2,6-9)

Au nom de qui? Au nom de quoi? Pour quel motif profond aller aussi loin dans la solidarité avec les exclus? Sinon par fidélité à Celui qui envoie de l'intérieur et qui a fait sa priorité de la libération des opprimés. Jésus ne pouvait laisser tomber ceux avec qui il s'était compromis et à qui il apportait l'espoir d'une grande libération. S'il l'avait fait il aurait laissé tomber son propre Père.

«Alors Jésus pleura»

Toute la vie de Jésus est sous le signe de la compassion. Son accueil sans jugement des pécheurs, comme chez Simon (*Lc* 7,36-48) et avec la femme adultère (*Jn* 8), son respect des exclus, enfants et femmes, malades et infirmes, publicains et Samaritains; ses bouleversements intérieurs devant la souffrance de plusieurs: résurrection du jeune homme de Naïn (*Lc* 7,13), mort de Lazare, «Jésus frémit intérieurement et il se troubla [...] Alors Jésus pleura» (I 11,33-34), ses pleurs sur Jérusalem (*Lc* 19,41), en sont des signes éloquents.

La compassion implique la passion. D'ailleurs compatir signifie «souffrir avec». L'amour de Dieu part de ses entrailles, de ses profondeurs, et trouve écho dans l'amour de la mère et du père pour leurs enfants. Dieu est passionné de l'humanité et vient vivre la condition humaine jusqu'au bout.

Dans l'Église il y a des passionnés notoires des pauvres. Ils souffrent avec eux et apportent de l'espérance. Ils sont surtout reconnus sur les chemins du partage et de l'accueil. Dans les groupes rencontrés il y avait à peine quelques personnes, surtout en maison de quartier, passionnées des pauvres jusqu'à s'identifier à eux et consacrer toute leur vie à leur libération.

Pour suivre Jésus jusqu'à Jérusalem, pour accueillir sans jugement l'exclu et l'étranger, pour souffrir avec eux et subir aussi l'exclusion, pour accepter librement de consacrer sa vie à être solidaire d'eux, il faut un amour passionné de Dieu et des humains, un feu qui brûle sans jamais se consumer. Ce feu a brûlé tout au long de la vie de Jésus et se propage dans la vie de ceux qui ont fait l'option de le suivre jusqu'au bout.

Albert Nolan soutient également que l'approche fondamentale de Jésus dans le monde c'est la compassion. En contrepartie, l'absence de compassion entre humains et pour les exclus en particulier suscitait son indignation et sa colère. «Il [Jésus] voulait atteindre le mal à sa racine, attaquer la cause de toute oppression et domination: l'absence de compassion de l'homme pour l'homme[31].» Et pour Jésus, le judaïsme avec sa multitude de lois tâtillonnes et d'exclusions était plus oppressif que l'empire romain. Nolan attribue cette dureté de cœur au manque de compassion.

---

31. Albert NOLAN, *Jésus avant le christianisme*, Paris, Éditions ouvrières, 1979, p. 126.

> «Ce n'est pas tant une question d'orgueil qu'une incapacité à partager la compassion de Dieu pour l'homme. Sans compassion, toutes les pratiques, toutes les croyances sont inutiles et vides.» (*1 Cor* 13,1;3) Sans compassion toutes les politiques sont oppressives, même les politiques révolutionnaires[32].

La compassion pour tous les humains, les exclus en particulier, est au cœur du projet de Dieu sur l'humanité. Elle est donc une composante essentielle de la foi et de la pratique chrétiennes. Pour Albert Nolan:

> La vraie foi n'est pas possible sans la compassion. Le royaume auquel Jésus désirait voir ses contemporains accorder leur foi, était un royaume d'amour, de service, un royaume de fraternité humaine [...] Personne ne peut croire ou espérer un tel royaume s'il n'a pas appris la compassion envers son prochain. Dieu désormais s'est révélé comme le Dieu de la compassion. Sa puissance est celle de l'amour[33].

«Qui m'aime me suive»

Nous avons vu que Jésus a invité ses disciples à assumer plusieurs responsabilités «sociales» envers le monde et en particulier les pauvres, les malades, les exclus de la société. La multiplication des pains correspond au partage des biens matériels, dont la nourriture. Les miracles et guérisons annoncent les libérations, les guérisons psychologiques et sociales vécues dans les maisons de quartier, par l'accueil, les visites et autres formes de fraternité. Nous pourrions ajouter la responsabilité de proclamer l'Évangile dans le monde entier et de susciter des disciples comme le mentionne Marc à la fin de son Évangile.

De plus, il y a un combat pour la justice que Jésus a mené d'abord en se situant du côté des exclus puis en confrontant directement les pouvoirs civils et religieux qui les excluaient. Les disciples ont résisté en refoulant plusieurs fois ces pauvres gens qui couraient après Jésus. Ils ont même contesté sa montée à Jérusalem. Et c'est sur ce dernier volet de la solidarité que l'on rencontre le plus de

32. Albert Nolan, *ibid.*, p. 130.
33. Albert Nolan, *ibid.*, p. 112.

résistance, même en Église. Pourtant Jésus est clair: «Si quelqu'un veut me servir, qu'il se mette à ma suite, et là où je suis, là aussi sera mon serviteur.» (*Lc* 12,26)

Reconnaître Jésus comme Messie et Sauveur, le suivre dans sa prière et faire mémoire de lui en revivant son dernier repas, c'est beaucoup. Être son disciple quand il fait des miracles, des guérisons, quand il est populaire, c'est même valorisant. Mais quand il se tient avec les marginaux, les «pécheurs», les simples et les exclus, cela devient embêtant. Quand il demande que la justice de ses disciples dépasse celle des scribes et des pharisiens (*Mt* 5,20) et que leur engagement avec lui passe avant leur propre vie (*Jn* 12,25), il devient très exigeant. Quand il confronte les chefs religieux cela devient téméraire. Quand il veut aller risquer sa vie à Jérusalem c'est de la folie. Il devient de plus en plus compromettant de suivre Jésus. Passé certains seuils, la majorité ne veut plus le reconnaître, comme Pierre.

En fait, Jésus a donné plusieurs visages à sa solidarité avec les pauvres et les exclus. Au bon pasteur de la multiplication des pains correspond une pratique de partage. Au guérisseur ou thaumaturge correspondent des pratiques d'accueil et de guérison. À l'ami des pauvres et des exclus correspondent des pratiques de fraternité et de solidarité. Au prophète de la justice correspondent des pratiques de contestation des pouvoirs et de défense des droits humains. À travers ces divers visages se révèle quelqu'un qui est passionné des exclus, des méprisés, des petits.

Chacun de ces chemins peut conduire à Jérusalem si celui qui s'y engage le fait en y donnant sa vie. S'il n'y a pas confrontation directe avec les pouvoirs, il y a confrontation avec leurs effets déshumanisants et meurtriers chez les humains. C'est bouleversant de voir l'ampleur des dégâts et de côtoyer les humains blessés profondément dans leur corps, leur cœur, leur esprit et leur dignité. C'est éprouvant de sentir tout ce que cela peut demander de compassion alors que nos propres ressources sont tellement limitées. C'est épeurant de réaliser les risques courus à fréquenter les exclus et les opprimés dans la solidarité, jusqu'au bout, quand on se rappelle ce qui est arrivé à Jésus et à plein d'autres qui l'ont suivi. Ce serait décourageant ou téméraire de s'y aventurer s'il n'y avait une source inépuisable de compassion quelque part et si on ne pouvait y être relié intimement et fermement.

Il y a donc ici un nœud fondamental pour comprendre l'absence ou le peu d'engagement pour la justice sociale dans les milieux paroissiaux. Soit la qualité du rapport de foi, donc de disciple, qui s'établit avec Jésus dans les paroisses. En général, en effet, la connaissance de Jésus chez les paroissiens est très sommaire et le lien de disciple, avec ses exigences, est peu développé.

Comme nous l'avons vu précédemment, l'identité chrétienne s'articule surtout autour de la liturgie, des sacrements et de l'aumône. La perception de la pauvreté, chez les paroissiens, ne s'exprime pas en termes d'injustice mais plutôt en termes de manque: manque de biens matériels, manque d'amour, manque de force ou de santé. Il n'y a presque pas de connaissance et de compréhension du rôle des pouvoirs, civils et religieux, dans la production des injustices. Et il y a peu de pasteurs pour leur présenter un visage de Jésus avec des pratiques de solidarité avec les exclus et de confrontation des pouvoirs. Comment pourraient-ils comprendre ses colères contre les pouvoirs et son parti pris, son option préférentielle pour les exclus?

Alors le paroissien suit Jésus comme il le connaît et le reconnaît, à travers sa prière, son eucharistie et son partage du pain. Difficilement plus loin. Ceux et celles qui vont plus loin, comme les deux leaders des comités de dépannage et les équipes des maisons de quartier, ont un lien plus étroit, plus développé avec Jésus. Même si ce n'est pas le Jésus de la justice sociale. Ces personnes ont goûté à quelque chose d'essentiel chez Jésus, elles ont éprouvé la profondeur et la force de sa compassion.

Les paroissiens, globalement distants des pauvres et du Jésus solidaire des exclus, peuvent difficilement éprouver la profondeur de sa compassion et la justesse de ses colères. Les intervenants en pastorale et les responsables de l'Église semblent aussi avoir de la difficulté à se laisser interpeller par ce Jésus. Comme au temps des premiers disciples, il y a plein de résistances devant la montée à Jérusalem. Résistant, on le serait à moins quand on considère ce qui est arrivé à Jésus et à ses amis...

Jésus s'est inspiré abondamment de l'exemple des prophètes qui l'ont précédé. La justice sociale était au centre des interventions des principaux d'entre eux. Moïse étant une figure dominante chez les prophètes, nous allons considérer son parcours.

Le militant Moïse

Parmi les figures bibliques qui nous rappellent les liens étroits entre l'adoration du vrai Dieu et la justice sociale, il y a les prophètes et en particulier Moïse. Ce dernier est traditionnellement associé à la proclamation des Dix Commandements dans le cadre de l'Alliance avec Yahwé au Sinaï. Essayons de voir ce qu'il nous dit en tant que militant de la justice sociale, en défenseur et libérateur de son peuple. En suivant son cheminement peut-être trouverons-nous des conditions pour que l'Église prenne davantage parti avec les exclus.

Le justicier

Ce qui a déclenché l'engagement de Moïse pour la justice c'est la vision de la misère de ses frères. «Or, Moïse, qui avait grandi, sortit vers ses frères et vit ce qu'étaient leurs corvées.» (*Ex* 2,10) Tant qu'il restait au palais de Pharaon il ne pouvait voir. Il a dû sortir de chez lui. Et cette rencontre avec la souffrance et l'injustice lui révèle en même temps la nature de son cœur. Il ne peut supporter les injustices.

Alors il réagit vivement. Mais il réagit en justicier, comme quelqu'un qui fait sa propre justice. Œil pour œil, vie pour vie, il tue l'Égyptien. Lorsque, le lendemain, il veut éviter qu'un autre drame se produise, son intervention, même orientée vers une réconciliation, entre en contradiction avec la première. La question de l'Hébreu vient le confronter sur ses motifs et sa légitimité: «Qui t'a établi chef et juge sur nous?» (*Ex* 2,14) Autrement dit: «pour qui te prends-tu, toi qui commets aussi l'iniquité en ayant tué l'Égyptien? Tu n'es pas meilleur que nous et nous ne t'avons pas choisi comme chef.»

Le berger

Moïse a donc dû s'enfuir pour sauver sa vie. Mais en partant ainsi de chez Pharaon, il aura la possibilité de voir la réalité sociale d'un autre point de vue, soit d'en bas, du point de vue des opprimés, des exclus. C'est encore en prenant la défense de ceux qui subissent l'injustice (les filles de Jéthro, prêtre de Madiân) que son chemin se réoriente, qu'il trouve une famille d'accueil, une épouse, un fils, un métier de berger (*Ex* 2,16-22).

C'est au travail qu'il se passe un événement particulier dans le cœur de Moïse. Comme s'il était toujours rongé par ce feu intérieur de défendre les autres, il prend le temps de s'approcher pour mieux voir, pour mieux comprendre.

> Moïse faisait paître le troupeau de son beau-père Jéthro, prêtre de Madiân. Il mena le troupeau au-delà du désert et parvint à la montagne de Dieu, à l'Horeb. L'ange du Seigneur lui apparut dans une flamme de feu, du milieu du buisson. Moïse dit: «Je vais faire un détour pour voir cette grande vision: pourquoi le buisson ne brûle-t-il pas?» [...] Dieu l'appela du milieu du buisson: «Moïse! Moïse!» Il dit: «Me voici!» (*Ex* 3, 1-4)

Cette mise en scène de la rencontre intime de Dieu et de Moïse me semble illustrer la profondeur du questionnement de Moïse sur lui-même et comment Dieu le rejoint dans son quotidien de travail pour lui répondre. Dans ce feu qui ne veut pas s'éteindre malgré les années se cachait Dieu lui-même qui se fait reconnaître comme le Dieu de ses pères. Un Dieu qui porte les mêmes préoccupations que Moïse. «J'ai vu la misère de mon peuple en Égypte et je l'ai entendu crier sous les coups de ses garde-chiourmes. Oui, je connais ses souffrances.» (*Ex* 3,7) Donc les réactions de Moïse devant les souffrances qu'il a vues lui sont inspirées par Dieu lui-même. Ils ont les mêmes entrailles, le même cœur.

Si Moïse était bien décidé à continuer sa petite vie tranquille, ce n'est pas le cas de Dieu qui a des projets pour lui. On a vu et entendu les mêmes choses, alors il faut réagir. «Je suis descendu pour le délivrer de la main des Égyptiens et le faire monter de ce pays vers un bon et vaste pays [...]» (*Ex* 3,8) Comme nous sommes sur la même longueur d'onde c'est toi que j'envoie pour régler la question. Mais Moïse sait bien les risques qu'il y a à retourner en Égypte et il tient encore beaucoup à la vie.

L'envoyé

Alors commence la ronde des objections. «Qui suis-je pour aller vers Pharaon et faire sortir d'Égypte les fils d'Israël?» (*Ex* 3,11) Moïse est réaliste... Lutter sans armes ni armée contre un puissant roi c'est courir à sa perte. Ne serait-ce pas même tenter Dieu? Suis-je encore en train de me prendre pour un autre? Dieu lui dit qu'il sera avec lui.

Mais qui es-tu, toi qui me pousses ainsi à risquer ma vie pour les autres? Quel est ton nom? Si je pouvais te voir en face, connaître ton nom, je serais totalement sûr de toi. «Je suis qui je suis. Tu parleras ainsi aux fils d'Israël. Je suis m'a envoyé vers vous.» (*Ex* 3,13-14) Pas moyen de contrôler Celui qui envoie... Moïse reconnaîtra progressivement, à mesure qu'il s'engagera plus profondément dans cette relation, que le Seigneur est tendresse et pitié, miséricorde et bienveillance, lent à la colère et plein de fidélité (*Ex* 34,6).

Moïse connaît bien son monde. Il craint l'incrédulité des Hébreux. Les autres, me croiront-ils? Ils me prendront pour un illuminé, un prétentieux. «Mais voilà! Ils ne me croiront pas, ils n'entendront pas ma voix. Ils diront: le Seigneur ne t'est pas apparu!» (*Ex* 4,1) Ce n'est pas tout de se prétendre envoyé de Dieu. Faute de preuve encore faut-il des signes suffisants. Dieu promet alors des signes pour convaincre ses interlocuteurs.

Moïse réalise de plus en plus qu'il n'a pas ce qu'il faut pour se lancer ainsi en politique de contestation du pouvoir. «Je ne suis pas doué pour la parole, ni d'hier ni d'avant, ni depuis que tu parles à ton serviteur.» (*Ex* 4,10) Dieu lui suggère son frère Aaron qui, lui, a la parole facile. Des objections, on en trouve toujours quand on ne veut pas faire quelque chose. Et le chat sort du sac quand Moïse dit finalement et carrément: «Je t'en prie, Seigneur, envoie-le dire par qui tu voudras!» (*Ex* 4,13) Là Dieu perd patience... Et Moïse finit par se soumettre au projet de Dieu.

Le libérateur

Moïse fit ses démarches auprès du peuple et de Pharaon. Le peuple suivit Moïse mais Pharaon s'endurcit et répliqua en alourdissant les conditions de travail des Israélites. Cette politique de répression eut pour effet de retourner le peuple contre Moïse. «Que le Seigneur constate et qu'il juge: à cause de vous, Pharaon et ses serviteurs ne peuvent plus nous sentir: c'est leur mettre en main l'épée pour nous tuer.» (*Ex* 5,21) Les pouvoirs réagissent toujours durement sinon habilement lorsqu'ils sont confrontés. Il y a toujours un prix à payer pour se libérer.

Moïse se met également à douter. Il doit sonder Dieu à nouveau: «Seigneur, pourquoi as-tu maltraité ce peuple. Pourquoi donc m'as-tu envoyé?» (*Ex* 5,22) Dieu rassure encore Moïse: «C'est moi le

Seigneur [...]. je vous prendrai comme mon peuple à moi, et pour vous, je serai Dieu [...]». (*Ex* 6,2-7) Mais les libérations ne sont pas magiques. Les longs détours peuvent faire douter les leaders du bien-fondé de leur projet. Moïse ne risque pas seulement sa propre vie mais celle des autres. Sans parler de ce qu'il en coûtera de devenir libre. Il faudra laisser des sécurités matérielles, un certain confort. Tous ne seront pas d'accord. Il y aura divisions et oppositions. Il doit discerner continuellement. Et Dieu le confirme dans son interprétation et la réalisation de sa mission.

Malgré de nouveaux coups portés à Pharaon, les «plaies d'Égypte», ce dernier ne démord pas. Il se rendra seulement quand son fils mourra, sacrifié pour le maintien au pouvoir de son père. Mais seulement pour un temps car il se ravisera. Les Israélites devront partir de nuit, en vitesse. Cette nuit dramatique où les fils premier-nés d'Égypte furent tués et les fils d'Israël épargnés restera mémorable. Le peuple se rappellera la Pâque du Seigneur.

Ainsi Moïse n'est plus un justicier solitaire mais, agissant au nom d'un autre, il devient son prophète et mène le peuple à sa libération en son nom. Il n'est plus aussi sûr de lui-même mais sa force et sa confiance sont en Dieu. Oui, le Dieu de ses pères est un Dieu de vivants, un Dieu de justice et de libération.

L'ami de Dieu

Ce ne sera pas demain la terre promise. Le chemin sera long au désert, plein d'embûches, de risques et de tentations. La recherche incessante de l'eau pour survivre et vivre, comme la recherche du pain quotidien. L'eau n'est pas toujours bonne, mais amère comme à Mara (*Ex* 15,22ss). La manne devenant monotone, Dieu envoie des cailles. Au fil de ses soifs et de ses faims, de ses nuits obscures et de ses journées écrasantes, le peuple louvoie entre le doute et la foi, la querelle et la reconnaissance. Le peuple murmurait contre Moïse: «Pourquoi donc nous as-tu fait monter d'Égypte? Pour me laisser mourir de soif, moi, mes fils et mes troupeaux?» (*Ex* 17,3) Dieu répondra toujours à Moïse.

À travers ces années de marche et de luttes, d'angoisse et de prière, se développe une grande intimité, presque une familiarité entre Moïse et Dieu. En effet: «Le Seigneur parlait à Moïse, face à face, comme on se parle d'homme à homme.» (*Ex* 33,11) Moïse n'arrive pas au bout de sa soif d'intimité avec Dieu: «si j'ai vraiment trouvé grâce à tes yeux, fais-moi connaître ton chemin et je te connaîtrai» (*Ex* 33,13). Connaître tes chemins jusqu'à te prévoir... Alors Moïse ne serait plus différent de Dieu.

Il va plus loin dans sa demande. «Fais-moi donc voir ta gloire!» (*Ex* 33,18) Dieu répond: «Je ferai passer sur toi tous mes bienfaits et je proclamerai devant toi le nom du Seigneur, j'accorde ma bienveillance à qui je l'accorde, je fais miséricorde à qui je fais miséricorde. Tu ne peux pas voir ma face, car l'homme ne saurait me voir et vivre.» (*Ex* 33,19-20) Dieu reste souverainement libre par rapport aux êtres qu'il a créés et c'est librement qu'il établit sa relation et son alliance avec eux.

Dieu se fait tout proche. «Puis j'écarterai ma main et tu me verras de dos; mais ma face on ne peut la voir.» (*Ex* 33,23) Dieu passa devant Moïse. Moïse s'abrita au creux du rocher. «Le Seigneur, le Seigneur, Dieu miséricordieux et bienveillant, lent à la colère, plein de fidélité et de loyauté [...]» (*Ex* 34,6) Ce n'est qu'au bout d'une longue fréquentation et de bien des détours au désert que veut bien se révéler le cœur de Dieu. Temps de grâce qui nous rappelle la transfiguration de Jésus. Temps essentiel de ressourcement sur la longue route du combat pour la justice sociale.

L'Alliance

Moïse ne cherchera pas à profiter de cette intimité pour ses seuls intérêts mais il gardera à cœur les intérêts de tout le peuple. Il intercédera pour lui. «Si vraiment j'ai trouvé grâce à tes yeux, ô Seigneur, que le Seigneur marche au milieu de nous [...] tu pardonneras notre faute et notre péché [...]» (*Ex* 34,9) Cette intercession exprime bien la solidarité de Moïse avec les siens, qu'il ne renie pas même s'ils ont la «nuque raide». On est loin, ici, du justicier solitaire.

Et le Seigneur établira une Alliance avec le peuple. «Je vais conclure une alliance. Devant tout ton peuple, je vais réaliser des merveilles, telles qu'il n'en fut créé nulle part sur la terre [...]» (*Ex* 34, 10) Moïse proposa les termes de l'Alliance, le décalogue, au peuple qui accepta. «Toutes les paroles que le Seigneur a dites, nous les mettrons en pratique.» (*Ex* 24,3)

Et lorsqu'il y eut rupture de l'Alliance par le peuple, Dieu se fâcha. C'est encore Moïse qui intercéda. Sa solidarité fut telle, lors de cet épisode du veau d'or, qu'il demanda même à Dieu de le radier du livre de vie s'il exécutait son projet d'exterminer le peuple: «Mais maintenant, si tu voulais enlever leur péché [...] Sinon, efface-moi donc du livre que tu as écrit.» (*Ex* 32,32) C'est que Moïse avait de la compassion pour ce peuple: «Moïse vit que le peuple était à l'abandon, qu'Aaron l'avait abandonné, l'exposant à la dérision de ses adversaires.» (*Ex* 32,25)

Un chemin jusqu'au cœur de Dieu

Par ce survol du cheminement de Moïse, nous réalisons que la justice est un chemin qui mène au cœur de Dieu. Ce n'est qu'au bout d'un long mûrissement que Dieu se révèle à Moïse. Mais le point de départ c'est la sortie de Moïse de chez lui. Il est sorti et il a vu et entendu ce qui se passait dans le monde. Il a pris conscience des situations d'oppression de son peuple.

Il aurait pu rentrer en vitesse pour éviter de prendre position. Il a réagi vivement, mais en justicier, répétant l'injustice en voulant faire justice. Et lorsqu'il veut agir autrement, cherchant plutôt la réconciliation, son geste de la veille lui est reproché. Alors la question des fondements de son intervention viendra tout de suite: «Qui t'a établi chef et juge sur nous?» Personne? Alors disparais! On ne s'érige pas en juge soi-même.

Cette question fondamentale, Jésus lui-même a dû y répondre. «Qui es-tu?» Même les œuvres faites en vérité et en fidélité à Celui qui l'envoie ne réussiront pas à convaincre son auditoire. Les prophètes remettent toujours en question les pouvoirs. Ils sont donc toujours menaçants.

Ce n'est qu'après de nombreuses années et une vie bien ordinaire que Moïse trouvera réponse à ses questions. Toujours habité par ce feu de justice comme par un buisson ardent, il lui sera révélé que Dieu lui-même l'habite, l'entretient, l'inspire. Les chemins de justice et de libération sont les chemins de Dieu. Lorsque quelqu'un voit la misère de ses frères et sœurs, entend leurs cris et projette d'agir, c'est Dieu qui voit, entend et projette d'agir. Quand un tel feu nous brûle le cœur si longtemps qu'on ne peut l'éteindre ni l'oublier, il ne reste qu'à le suivre, qu'à le laisser se propager.

Mais, comme tous les prophètes, Moïse résistera. «Qui suis-je?» En homme qui a vécu, il se connaît. Il connaît ses limites et se rappelle le gâchis qu'il a fait jadis en Égypte. «Envoie donc qui tu voudras!» et laisse-moi vivre en paix une vie simple et paisible. Ce n'est pas trop demander. On croirait entendre les apôtres avant de monter à Jérusalem ou n'importe qui d'entre nous devant des occasions de se compromettre en public avec des pauvres et des exclus. Mais Dieu est convaincant et finit par faire se lever des prophètes et des ouvriers pour sa moisson.

Tout feu tout flamme qu'il soit en son cœur, Moïse rencontre vite des obstacles dans la réalité sociale: doute et hésitation chez les Israélites, entêtement et répression chez Pharaon. Les pouvoirs ne se laissent pas faire facilement. La libération ne se fera pas sans lutte ni résistance, sans souffrance ni dépouillement. Alors le doute s'installe aussi chez le militant Moïse. Suis-je si sûr? Est-ce bien de Dieu ou de mon imagination ce projet fou? Il y a d'autres vies que la sienne en jeu. Dieu confirmera et donnera même des signes pour supporter la foi défaillante.

Le désert sera le creuset où s'affermira la relation de confiance entre Dieu, Moïse et son peuple. Après tant d'années d'épreuves quotidiennes et de réponses divines, et malgré des apparences trompeuses, Moïse et le peuple sauront qu'il est le Dieu fidèle qui marche avec eux jour et nuit. La terre promise ne tombera pas du ciel pour autant. Il faudra marcher, suer, avoir faim et soif et se battre.

En chemin, toutefois, Dieu prendra l'initiative d'établir une Alliance avec son peuple, un contrat où il s'engage à être fidèle en retour de la fidélité de son peuple aux termes de l'Alliance.

Et quand le peuple sera infidèle, c'est encore Moïse, préfigurant Jésus et l'Esprit défenseur, qui interviendra, solidaire de son peuple jusqu'au bout. Moïse ne cherche pas de privilèges pour lui seul. Comme si Dieu avait versé sa compassion et sa miséricorde en surabondance dans le cœur d'un humain, pour montrer la profondeur de son amour.

La vie de Moïse et de bien des militants pour la justice est une longue route jusqu'au cœur de Dieu qui se révèle en retour dans ces «brûlants» de compassion et de justice. L'identité de Dieu s'exprime dans le brûlant de compassion, l'intercesseur et la miséricorde jusqu'à l'excès et non dans le juge implacable ou le justicier vengeur. Celui qui donne sa vie pour les exclus sans pavoiser de son privilège d'ami de Dieu. Ne retrouve-t-on pas ici l'attitude fondamentale de Jésus lui-même?

Conclusion

De ce tour d'horizon des pratiques de solidarité de Jésus et du cheminement socio-spirituel de Moïse il ressort que leur Dieu les a poussés à prendre parti pour les exclus de toutes sortes, socio-économiques et religieux. Ce Dieu a lié l'authenticité de l'adoration et de la prière à des pratiques d'amour, de compassion, dans le partage, l'accueil, la justice. Il n'est pas d'abord le Dieu de la loi et de l'ordre, du silence et de l'impassibilité, de l'indifférence aux histoires humaines, mais bien le Dieu de la compassion comme un buisson ardent, du parti pris et de l'action jusqu'à la colère pour sauver son peuple, pour libérer ses enfants. Cette compassion intarissable, capable de se couler dans le quotidien opaque des humains et d'enflammer leur vie constitue une dimension fondamentale du cœur de Dieu. Elle s'est frayé un chemin dans la vie simple du berger Moïse et a constitué le cœur des interventions de Jésus. Avec l'audace et la miséricorde, elle caractérise l'action des apôtres et des disciples après l'effusion de l'Esprit de feu.

Alors, qu'est-ce qui limite tant la solidarité sociale avec les exclus chez les membres de l'Église aujourd'hui sinon la difficulté de rencontrer ce Dieu brûlant de compassion jusqu'à l'extrême? Comme si les visages de Jésus présentés actuellement ne comprenaient pas celui qui est passionné pour les humains, passionné d'accueil et de justice pour les exclus. Comme si les pratiques du christianisme en paroisse — eucharistie, sacrements, prière, aumône — étaient insuffisantes ou incomplètes pour permettre la connaissance, ou la rencontre, de ce visage essentiel du Dieu de Jésus-Christ et de Moïse: la compassion.

Moïse et Jésus ont pris le chemin des humains, des opprimés et des exclus en particulier. C'est au contact des exclus, de leurs souffrances et humiliations que montent leur indignation et leur colère. C'est en fidélité au Dieu de ses pères pour Moïse et à l'Écriture comme à l'Esprit saint qui l'habitait en plénitude pour Jésus qu'ils ont pris parti et agi en toute justice. C'est dans l'intimité de leur cœur, de leur conscience qu'ils ont identifié le feu qui les brûlait comme la compassion même de Dieu. Leurs pratiques de solidarité et de justice ont une saveur spéciale, celle de l'amour indéfectible de Dieu pour les humains, les exclus, les distants.

Aujourd'hui, comme au temps de Jésus, il est intéressant de connaître et fréquenter le Jésus des paraboles et des miracles, du pardon et des guérisons, affectueux et populaire. Mais le Jésus ami des pauvres et des marginaux, aux fréquentations douteuses, le Jésus des parti pris, des colères et des confrontations... Non merci! Trop dangereux! On ne veut pas le connaître.

Outre cet obstacle de taille qu'est la méconnaissance du Jésus de la justice sociale il y a aussi de grandes résistances à le suivre sur ces chemins périlleux... jusqu'à Jérusalem. La peur. Celle des apôtres et des disciples, d'hier et d'aujourd'hui. Peur de reconnaître comme un appel ce visage de Jésus dans notre histoire avec les risques que cela comporte. Peur d'y laisser sa réputation sociale, sa tranquillité sinon sa vie tout court, qui pousse à ignorer et même à renier ce visage de Jésus comme Pierre l'a fait. Les autres s'étaient sauvés...

Pour entrer dans l'univers de la compassion peut-être faut-il l'avoir expérimentée dans sa propre chair, en avoir eu faim soi-même, comme Pierre. Avoir reconnu ses faiblesses, ses blessures et ses lâchetés et y avoir accueilli simplement le regard compatissant de Dieu. Les chemins humains ne sont-ils pas suffisamment durs et raboteux pour que l'on puisse vivre de telles expériences? Et Dieu ne nous y précède-t-il pas tendrement? À l'Église d'y marcher avec audace et compassion car ce sont les chemins privilégiés de Dieu.

L'interprétation de l'Évangile dépend beaucoup des options de notre groupe d'appartenance sociale, de ses intérêts, de ses visions et options. De même notre compréhension de la pauvreté. Pour bien saisir l'Évangile comme la pauvreté, il faut se déplacer sur le terrain des pauvres, des exclus. (réf. le lavement de pieds.) Nous sommes conditionnés par l'idéologie dominante.

CHAPITRE QUATRIÈME

Oser bâtir la justice sociale

Voyons maintenant comment une Église pourrait intervenir à court et à long terme pour que les paroisses s'impliquent davantage dans les enjeux sociaux de notre temps, à la manière ou selon l'esprit de Jésus. Donc, comment rapprocher les paroissiens des drames humains, des injustices et même des «enfers de violence» qu'ils n'osent voir? Ne viennent-ils pas à l'Église pour prier tranquillement, en paix, loin des tracas, des «mauvaises nouvelles» et des violences de toutes sortes? Mais n'est-ce pas incarner sa foi et la mûrir que de faire entrer la vie quotidienne, avec ses drames et ses espoirs, dans les liturgies dominicales, dans les préoccupations pastorales? Voici donc des pistes invitant à la compassion et proposant des aménagements simples mais réalistes pouvant conduire des communautés à entrer en solidarité de justice sociale en plus des solidarités de partage et d'accueil déjà en place.

N'y a-t-il pas le dimanche à l'église de nombreux pauvres et exclus, portant seuls, sans solidarité, de lourds fardeaux d'injustice, de mépris, de désespoir, de violence? N'y a-t-il pas lieu de descendre d'abord dans ses propres drames, deuils et violences pour aborder avec un grand respect ceux des autres? Mais si les pasteurs et autres disciples responsables des communautés sont incapables d'un tel partage et support entre eux, d'une telle descente dans leurs propres pauvretés et douleurs, comment y entraîneraient-ils les membres de leur communauté? Finalement, la question de fond c'est de trouver les chemins qui ouvrent les cœurs à la compassion, à la solidarité, à la justice sociale.

Compassion et option de solidarité

Dans un premier temps il m'apparaît primordial de répondre à cette question de fond car pour moi là est la clé pour se solidariser véritablement avec les exclus. Comment donc découvrir ou se laisser conduire par ce feu intérieur de la compassion? Feu du Dieu de Jésus et des prophètes. Esprit d'audace, de vérité et de liberté qui nous envoie être et agir en son nom. Comment découvrir en retour la force de vérité et de libération des pauvres dans un monde aliéné et dominé par des pouvoirs d'oppression? Le reste est secondaire, question de style, d'aménagement et de stratégie.

Pour entrer dans la compassion de Dieu, y recevoir son être et son agir, on ne peut faire l'économie d'une descente en soi-même pour une rencontre en vérité. Vérité décapante devant nos complicités, nos convoitises de pouvoir et d'avoir, nos capacités d'injustice, de violence et de mort. Vérité étourdissante devant notre liberté qui nous rend responsable. Vérité émouvante devant notre beauté et notre dignité, surtout mises en évidence par le regard d'amour du tout Autre, si intime à nous-mêmes.

N'est-ce pas ces «rencontres intérieures» marquantes que les patriarches et les prophètes ont tenté de nous exprimer dans un langage symbolique mais non moins réel. Rencontres de terreur ou de confrontation mais aussi d'alliance et de promesse de vie, de libération, de justice. La rencontre d'Abraham à la tombée de la nuit (*Gn* 15, surtout 12-18). La rencontre de Jacob, seul dans son combat nocturne (*Gn* 32,23-33). La rencontre sur la montagne, devant le buisson ardent pour Moïse (*Ex* 3). La rencontre au sanctuaire pour Isaïe (vocation d'Isaïe au chapitre 6). Jérémie et son «feu intérieur dévorant» (*Jer* 20,7-9). La rencontre d'Élie à l'Horeb (*I Rois* 19). La rencontre d'Osée dans son mariage. Jésus, pour sa part, est continuellement en présence de son Père et le consulte particulièrement lors de décisions importantes: au début de sa mission (tentations au désert), lors du choix des disciples, devant la mort imminente au Jardin des Oliviers.

Il serait trop facile et bien commode de réserver ces rencontres aux seuls «grands personnages de la Bible». Cette intimité avec le

Dieu trinitaire est donc pour nous aussi qui avons été baptisés, saisis par Lui en Jésus-Christ. Et c'est bien au-delà d'une rencontre avec soi-même, même si c'est l'occasion de se découvrir en profondeur.

Les patriarches et prophètes ont osé affronter leur nuit, descendre dans leur sanctuaire ou s'enfoncer dans le désert, s'approcher à la limite du toucher de cette mystérieuse Présence qui les appelait de l'intérieur. Présence qu'ils reconnaissaient aussi dans les cris de leur peuple opprimé, réclamant justice, dignité, liberté. Concrètement, pour nous, c'est oser descendre dans nos soifs de justice et de libération, dans nos faims d'amour et de vie en abondance, dans nos insatisfactions chroniques devant tout ce qui ne comble pas notre cœur. Oser questionner, harceler la Présence intérieure à partir de nos souffrances et de nos deuils, de nos espoirs déçus, de nos indignations devant les injustices.

Pour s'être engagé en Église ou en justice sociale, à la suite de Jésus, nous avons sûrement reconnu qu'il y a au tréfond de nous-mêmes ce feu d'amour compatissant et miséricordieux, cette source de vie et de libération. Nous savons son Nom et Il connaît le nôtre. À fréquenter en vérité Celui qui y habite, au fil des années, nous finissons par Lui ressembler. Plus nous sommes disponibles et déterminés à Le suivre, plus nous devenons compatissants, sensibles aux autres et engagés résolument avec les exclus.

Les autres aussi sont des chemins qui nous ouvrent, qui nous humanisent, qui nous développent un cœur de chair, lorsqu'on les fréquente à la manière de Jésus. Car comment prétendre être touchés par l'Esprit de Dieu si nous sommes incapables d'être touchés par les autres autour de nous, avec leur joies et leurs détresses, leurs douleurs et leurs espoirs. C'est en étant atteint au cœur par les injustices sociales, les blessures et les exclusions sociales,que monte l'indignation et que s'organise la solidarité, signes de la compassion.

Il y a sûrement lieu pour attiser la flamme de la compassion de se rencontrer réellement, de s'apprivoiser et de se connaître davantage entre membres d'une même communauté. C'est tout un chambardement, je le sais. Mais cela se fait déjà dans des groupes restreints, de petites communautés et certains mouvements. Je l'ai aussi vécu en équipe pastorale et au conseil diocésain des agents de pastorale. C'est donc à poursuivre dans les équipes pastorales et les CPP, au presbytérium, dans la communauté diaconale et celle des agents de pastorale. On peut former des petites équipes, en zones pastorales, sur une base volontaire toujours pour ne brusquer personne et respecter les libertés. Cela se fait déjà entre des agents de pastorale dans l'Église de Saint-Jérôme et sûrement ailleurs. Les fruits sont à la mesure de l'investissement des participants et de leur foi.

L'expérience peut se transposer progressivement en paroisse avec ceux et celles qui le désirent. Aménager une célébration où les événements de la vie individuelle et sociale ont leur place. Où les fardeaux et les espoirs sont partagés. Où les injustices, les violences et les discriminations sont identifiées. Où les solidarités, les actions de justice et d'accueil sont célébrées comme autant de signes de la présence vivante de Jésus parmi nous aujourd'hui. Aménager une boîte pour les intentions et un babillard à nouvelles sociales bien en vue. Place à la vie, à la prise de parole, aux initiatives audacieuses, aux questions à porter ensemble. Fraterniser. Communier. S'accueillir sans jugement. Après cela, la prise de parti pour les exclus, l'option préférentielle pour les pauvres prendront tout leur sens, se présentant clairement à la conscience. Il restera à réaménager et inventer des solidarités de justice en conséquence et en concertation avec les forces vives du milieu.

Prier ensemble, avec cœur et à partir de la vie, pour que s'allume et brûle en nous le feu de la compassion, le sens de la justice, de l'indignation et de la solidarité. Quand nous aurons été tellement atteints par la douleur et l'humiliation de ceux, et celles surtout, qui subissent violence et mépris, au point d'en avoir mal aux entrailles certains jours et de crier après Dieu, au point d'oser s'identifier avec leurs combats pour la dignité et la justice, alors nous serons entrés dans la compassion de Dieu.

Le chemin des exclus

Après avoir réalisé l'ampleur et la profondeur du drame des injustices dans ses dimensions individuelles, il est important d'en prendre la mesure collective, socialement organisée, et de comprendre ce qui se passe. Les injustices ne sont pas le fruit du hasard, du destin ou des punitions divines.

Dans l'Église de Saint-Jérôme, les priorités diocésaines des six dernières années ont porté sur la recherche-action qui a pris fin officiellement en mars 1995. Cette recherche a contribué à ouvrir les oreilles, les yeux et le cœur d'un grand nombre de chrétiens et d'équipes pastorales sur le monde. Le monde avec ses angoisses et ses espoirs. Le monde avec son langage, ses projets, sa foi et sa profondeur... Le monde où l'Esprit est déjà à l'œuvre.

Prendre les chemins du monde, des exclus en particulier, c'est brancher ses oreilles, ses yeux et ses pieds, comme Dieu avec Moïse et Jésus, dans les enjeux de justice et de vérité, dans les luttes de dignité et de libération des exclus, des marginalisés, des discriminés, des femmes violées et des personnes torturées. Prendre les chemins des opprimés c'est laisser questionner nos orientations et nos projets pastoraux par leurs priorités, par leurs drames. C'est se laisser guider par ce qui a passionné Jésus et qui le passionnerait toujours aujourd'hui, au point d'y engager toute sa vie.

«Marcher avec eux», c'est beaucoup plus que signer des pétitions ou faire des déclarations, même sincères, comme celles du 1er mai par les évêques, la dernière (1995) portant sur la pauvreté des femmes au Québec. Les injustices sont tellement criantes que les paroles ne suffisent pas. Il faut poser des gestes audacieux et courageux, marcher réellement, physiquement, humblement avec des groupes sociaux vivant des injustices. Marcher pour «du pain et des roses» avec les femmes. Marcher pour la dignité et le respect des personnes atteintes du sida, des assistés sociaux, des homosexuels, des réfugiés et des immigrants. Marcher aussi dans un style de vie simple, qui rapproche des exclus et qui aide à les comprendre. Marcher au risque d'être jugé et exclu à son tour par les «élites» et les «bien-pensants». Être pasteur comme Jésus, c'est marcher fermement et longuement, comme les évêques Willy Romélus, Oscar Roméro, Adolphe Plourde, Samuel Ruiz, Elder Camara.

Bien sûr, il y aura toujours parmi nous ceux qui veulent prendre le chemin de la loi et de l'ordre, de la discipline et de la pureté de la religion ou de la race. Ceux qui veulent sauver le monde malgré lui... Ceux qui veulent détruire les «ennemis de Dieu» en son nom. Cela n'a rien à voir avec le Dieu de Jésus-Christ. Ces chemins ne mènent pas à la compassion, à la libération et à la justice mais à l'intolérance et à la répression.

Pour marcher sur le chemin des pauvres en paroisse, il est important de mettre à contribution les comités de bénévoles afin de les amener à présenter aux participants des assemblées dominicales des visages de la pauvreté et de l'exclusion. C'est-à-dire décrire ces réalités et les conséquences concrètes dans la vie des personnes concernées.

Ce qui fut fait cette année dans ma paroisse, lors du prône, par la responsable du comité de dépannage. On a compris très clairement, budget à l'appui, ce que voulait dire réellement vivre sur le BS. Grand silence dans l'assemblée. Personne ne s'est offert pour vivre comme ça... La paroisse avait décidé de passer son carême à entendre les cris du monde d'ici et du tiers-monde. Les cris n'ont pas manqué jusqu'à ceux, étouffés, des torturés. Ces interventions ont favorisé des prises de conscience importantes également chez les intervenants.

Un autre volet de cet apprivoisement des exclus pourrait être un rapprochement avec les groupes populaires et autres regroupements de personnes marginalisées. Une simple visite de courtoisie, prévue d'avance, est toujours appréciée. Dans l'Église de Saint-Jérôme, une rencontre d'une journée a déjà eu lieu au niveau diocésain entre les agents de pastorale de paroisse et des équipes de recherche sur la pauvreté (des six zones du diocèse), mises sur pied par Centraide dans le cadre d'un vaste programme de solidarité échelonné sur deux ans. Il s'agissait de se connaître et de prendre conscience des divers visages de la pauvreté aujourd'hui et des projets de solidarité mis en marche. Même si on connaît mal les suites concrètes, il y a eu de nombreux contacts chaleureux entre les participants.

Un artisan de justice sociale au CPP

Cette rencontre diocésaine n'étant qu'un élement d'une stratégie d'ensemble pour développer des solidarités sur la justice sociale, il en faut d'autres. L'approche de l'Action catholique qui consistait à aller chercher des leaders naturels du milieu, des «assoiffés de justice», pour les former et en faire des militants artisans de libération, me semble appropriée encore aujourd'hui. Il s'agit de dépister une telle personne dans nos réseaux de relations personnelles ou par l'assemblée dominicale et de l'inviter à devenir membre du CPP. Une personne branchée en terme de justice et engagée dans un groupe de solidarité fréquente peut-être incognito le rassemblement dominical... Étant donné la disponibilité limitée des agents de pastorale et des responsables de paroisses qui ne peuvent tout faire, heureusement, cette personne devient comme un chien de garde pour les enjeux de justice sociale et peut susciter des liens et des collaborations avec des groupes populaires de la région.

Les pratiques de justice sociale sont nécessairement plus compromettantes et ne font certainement pas l'unanimité. Donc, peu de monde sur ce chemin, aujourd'hui comme hier, comme au temps de Jésus et des prophètes. Que quelques personnes s'y engagent, ce sera déjà beaucoup. Développement et Paix, comme l'Action des chrétiens pour l'abolition de la torture (ACAT) ou le Mouvement des travailleurs chrétiens (MTC) sont d'excellentes portes d'entrée dans la justice sociale car la compréhension des causes des injustices y tient une place de premier plan. De plus, l'expérience des communautés de base en Amérique du Sud serait à méditer sérieusement et pourrait nous apprendre beaucoup. Pourquoi ne pas mettre à contribution des missionnaires qui ont vécu de tels engagements pastoraux?

La formation

Un atout à mettre dans son jeu serait de donner une bonne formation aux bénévoles, membres des CPP et intervenants pastoraux. En plus de favoriser la formation des bénévoles impliqués avec les pauvres, il faut aussi rejoindre les membres des équipes pastorales. On pourrait les sensibiliser, par régions pastorales, à ce volet important de la mission en rencontrant des personnes impliquées au nom de leur foi dans des réseaux de solidarité. Une démarche où l'on présenterait les divers visages de la solidarité chez Jésus et où chacun pourrait identifier son propre style. Comme le responsable de paroisse détermine le style des interventions de solidarité, toute démarche en paroisse ou en zone doit le mettre dans le coup quelque part.

Par ailleurs il est heureux de constater l'existence d'une initiation à la pastorale sociale dans le processus de formation des futurs intervenants pastoraux. La tradition prophétique dans la Bible et les témoins de ce courant tout au long de l'histoire de l'Église demeuraient trop méconnus. Ce ne sont pas encore les cours les plus courus bien sûr. C'est un début. En effet, pour douze personnes qui suivaient (hiver 93) un cours sur la justice sociale au Centre de formation et un même nombre une session de formation au «Carême de partage» par *Développement et Paix*, il s'en présentait 30 à un cours sur l'eucharistie et 50 à un autre sur la vie spirituelle. C'est dire où sont les préoccupations, mais aussi les tâches et les priorités.

Des liens nouveaux sont à tisser entre les questions sociales d'aujourd'hui et l'Évangile, la vie spirituelle, les sacrements et l'eucharistie. D'ailleurs ces volets étaient liés chez les Pères de l'Église et le sont aujourd'hui dans les communautés de base d'Amérique latine et d'ailleurs.

Une formation solide sur la justice sociale est donc essentielle et il faudra bien ancrer cette formation dans les réalités d'aujourd'hui, et ce, en collaboration avec les membres des divers réseaux de solidarité. Les pauvres et les exclus eux-mêmes sont souvent source de prises de conscience et de conversion et, comme dans l'Évangile, des exemples de courage et de solidarité.

Il est urgent de mettre les enjeux sociaux d'aujourd'hui en relation avec l'Évangile et les positions des prophètes afin de développer une théologie et des pratiques de solidarité renouvellées. D'où l'importance d'équiper les intervenants en compréhension globale de la société, du point de vue des exclus, en outils d'analyse et d'intervention sociales. Il ne manque pas de personnes-ressources parmi les exclus eux-mêmes et qui seraient très heureuses de collaborer à l'organisation de sessions de formation.

Une telle formation contribuera grandement à modifier le portrait de l'identité du catholique. En intégrant la dimension de responsabilité sociale, de justice et de compassion à l'identité profonde du chrétien, il y aura plus de chance de la retrouver dans d'autres formations de base comme la préparation aux sacrements et dans les liturgies. Et on ne les opposera plus.

Une priorité pastorale à la justice sociale

Il est primordial d'établir des priorités dans l'avalanche des tâches pastorales et des urgences quotidiennes. Comme le quatrième volet de l'action pastorale constitué par l'engagement social (les autres étant la foi, la célébration et la fraternité) tient une place minuscule dans l'ensemble des pratiques pastorales de l'Église, il est impératif d'accorder une priorité, dans la pastorale d'ensemble, aux solidarités avec les pauvres et les exclus. Pour sa vitalité, sa fidélité à l'Évangile et à la mission, pour sa crédibilité tout court, le chemin des exclus sociaux de toutes sortes doit devenir le principal chemin d'incarnation et de solidarité de l'Église.

Dans un contexte social d'appauvrissement accéléré de la population, l'Église doit non seulement être à l'écoute du monde pour le comprendre, ce qui est déjà beaucoup, mais prendre l'initiative de développer des solidarités variées avec les organisations de défense que les exclus eux-mêmes se sont données et de se mettre à leur école pour apprendre la solidarité. Ce n'est pas seulement la responsabilité de la pastorale sociale ou de quelques militants mais bien de toute l'Église.

Pour atteindre cet objectif il faut combiner des interventions à la base avec les comités d'entraide, des équipes pastorales ouvertes aux questions sociales et avec les ressources diocésaines. L'évêque, comme pasteur de l'Église, est celui qui doit encourager ces initiatives et donner l'exemple par ses engagements personnels. Profiter d'un éventuel rassemblement diocésain pour mettre cette question à l'ordre du jour. Une complicité de l'évêque est importante sur cette question pour arriver à lever un obstacle structurel au développement de solidarités, soit le mandat et les priorités de travail. Modifier ces mandats et descriptions de tâches pour accorder plus de temps au recrutement et à l'organisation de la justice sociale en paroisse. Que les intervenants en pastorale puissent officiellement consacrer plus que le petit 3,5 % de leur tâche au volet de l'engagement social.

Une priorité pastorale d'Église, inspirée par les enjeux et les soifs de notre monde, supportée fortement par un pasteur engagé lui-même sur des chemins de compassion et de justice, ferait notre joie et celle des exclus, porterait certainement des fruits de justice et de conversion profonde, tout en renouvelant la vie et les pratiques pastorales de l'Église. C'est faire du neuf avec du vieux. Mais une telle entreprise susciterait aussi résistance, crainte et opposition de toutes part. Elle ferait scandale comme au temps de Jésus. Car le serviteur n'est pas plus grand que son maître...

En terminant ce chapitre, rappelons à titre d'aide-mémoire les pistes d'action que nous avons proposées.

OSER BÂTIR LA JUSTICE SOCIALE

1. *Compatir et prendre parti*

— Faire la vérité sur soi-même. Nommer puis partager en équipe nos soifs profondes et nos espoirs ainsi que nos indignations et nos souffrances personnelles.
— Identifier les fardeaux, les violences et les injustices de notre milieu, ainsi que ses solidarités, ses enjeux et projets de libération. Nommer les groupes sociaux particuliers qui vivent collectivement ces situations.
— Se donner de l'espace intérieur pour la compassion et la compréhension. Par la prière et la Parole de Dieu, ouvrir nos cœurs à l'indignation, à la compassion, à la colère même, au sens de la justice et du parti pris.
— Oser prendre une option personnelle, puis en équipe, de solidarité avec les exclus, à la suite de Jésus. Déterminer avec quels groupes sociaux et établir des priorités d'action.

2. *Prendre le chemin des exclus*
— Préciser en équipe qui sont les groupes exclus, oubliés, marginalisés ou opprimés de notre milieu. Trouver nos personnes-contacts avec ces groupes et les rencontrer sur leur propre terrain. Faire connaître à la communauté, un dimanche par mois, les drames sociaux et les injustices criantes de notre région ou dans le monde, en faisant intervenir des représentants de ces groupes pour en témoigner. Présenter les actions de justice qui se font et inviter à la solidarité.

3. *Inviter un artisan de justice sociale à être membre du CPP*

4. *Organiser la formation*

— Prévoir des sessions de formation sur la justice sociale, la compréhension de la société, l'économie, les positions sociales des prophètes et de Jésus et les lettres encycliques de l'Église sur ces questions. Il ne manque pas de personnes ressources pour vous aider: responsable diocésain de pastorale sociale, enseignants dans les Centres de pastorale, animateurs au Centre de pastorale en milieu ouvrier (CPMO) à Montréal, ou au Mouvement des travailleurs chrétiens, ou au Centre Saint-Pierre à Montréal.

5. *Faire une priorité pastorale de la justice sociale*

— En paroisse, en zone pastorale ou dans l'ensemble de l'Église, faire une priorité officielle de la justice sociale et déterminer les tâches pastorales et les budgets en conséquence.

— Mettre l'évêque dans le coup en le rencontrant avec les représentants des groupes populaires qui appuient cette priorité.

CHAPITRE CINQUIÈME

«À vin nouveau outre neuve»

Évangéliser c'est transformer le monde

À la base de ce questionnement sur nos liens de solidarité avec les exclus il y a la conviction que l'Évangile va plus loin que l'aumône dans son approche de la pauvreté. La mission de l'Église, donc la responsabilité d'une communauté comme la paroisse, n'est pas seulement d'annoncer Jésus-Christ, d'initier et de supporter la vie chrétienne, mais aussi de réaliser des changements en profondeur dans les rapports sociaux, comme signes du règne de Dieu à l'œuvre.

Sans référer à une parole explicite de Jésus sur l'engagement social, sa fréquentation assidue des pauvres et son identification avec les exclus de toutes sortes (malades, lépreux, pécheurs, enfants, femmes, étrangers) trace la voie à une transformation radicale dans les rapports entre non seulement les individus mais aussi les groupes sociaux. Il s'agit de passer de rapports d'exclusion, de domination et d'exploitation à des rapports de respect, de compassion, de solidarité, bref de fraternité dans l'amour et la justice.

Cette interprétation des «orientations pastorales» et positions sociales de Jésus et ses conséquences sur les priorités pastorales dans la mission de l'Église ne sont pas nouvelles. C'est aussi la compréhension du Concile Vatican II exprimée dans la constitution

L'Église dans le monde de ce temps. Ce document ouvre la voie par cette première phrase:

> Les joies et les espoirs, les tristesses et les angoisses des hommes de ce temps, des pauvres surtout et de tous ceux qui souffrent, sont aussi les joies et les espoirs, les tristesses et les angoisses des disciples du Christ[34] [...]»

Par la suite, des secteurs sociaux d'intervention sont identifiés: le mariage et la famille, la culture, la vie économico-sociale, la communauté politique, la paix et la communauté internationale. C'est le chemin inévitable d'une foi incarnée. Et le point de repère éthique proposé c'est la dignité de la personne humaine identifiée comme centre et but de toute activité sociale.

Dans cette foulée du Concile sont nés la Commission pontificale Justice et Paix et des organismes de solidarité avec les pauvres du tiers-monde dans les Églises nationales, œuvrant à la fois au développement des peuples et à l'éducation des chrétiens à la justice sociale. Ainsi est né Développement et Paix en 1965 au Canada.

Un peu plus tard, dans la foulée de *Populorum progressio*, les conclusions du *Synode sur la justice dans le monde* (1971), appuyées par Paul VI, exprimeront encore plus clairement ce rapport de transformation de l'Évangile au monde:

> Entendant le cri de ceux qui souffrent violence et sont écrasés par les systèmes et les mécanismes injustes, tout comme le défi d'un monde dont la corruption contredit le plan du Créateur, nous avons pris conscience ensemble de la vocation de l'Église à être présente au cœur du monde pour annoncer aux pauvres la Bonne Nouvelle, aux opprimés la délivrance, aux affligés la joie.
>
> Le combat pour la justice et la participation à la transformation du monde nous apparaissent pleinement comme une dimension constitutive de la prédication de l'Évangile qui est la mission de l'Église pour la rédemption de l'humanité et sa libération de toute situation oppressive[35].

---

34. Vatican II, *L'Église dans le monde de ce temps*, Fides, 1967, p. 173.
35. Paul VI, *Synode sur la justice*, 1971.

Les expressions «systèmes» et «mécanismes» pointent le rôle des structures sociales comme support institutionnel des injustices. Elles sont à transformer dans le sens des valeurs évangéliques.

Plus près de nous, Jean-Paul II a repris cette responsabilité de l'Église dans l'encyclique *Sollicitudo rei socialis*. Il l'aborde par le biais de l'option de l'amour préférentiel pour les pauvres, faisant de la solidarité avec eux une vertu chrétienne.

> Elle [l'option] concerne la vie de chaque chrétien, en tant qu'il imite la vie du Christ, mais elle s'applique également à nos responsabilités sociales, et donc à notre façon de vivre aux décisions que nous avons à prendre de manière cohérente au sujet de la propriété et de l'usage des biens[36].

Plus loin il souligne la nécessité que cet intérêt actif pour les pauvres se traduise «à tous les niveaux, en actes concrets afin de parvenir avec fermeté à une série de réformes nécessaires[37]». Davantage que du dépannage il faut aller jusqu'à dénoncer les injustices et réaliser des changements sociaux.

> L'accomplissement du ministère de l'évangélisation dans le domaine social, qui fait partie de la fonction prophétique de l'Église, comprend aussi la dénonciation des maux et des injustices[38].

Nous pourrions multiplier les exemples de déclarations et de pratiques nouvelles en vue de la justice sociale, de celles des évêques canadiens depuis une vingtaine d'années en passant par Medellin et Puebla et la théologie de la libération, jusqu'au décret 4 de la XXXIIe Congrégation générale de la Compagnie de Jésus (1976). Il est clair que la justice sociale est partie prenante de la mission d'évangélisation confiée par Jésus à l'Église. Cette dimension se retrouve dans ce qu'on appelle les quatre axes ou pôles des pratiques pastorales des paroisses: la célébration, l'éducation de la foi, la fraternité et l'engagement social ou évangélisation pour d'autres.

---

36. JEAN-PAUL II, *La question sociale*, Montréal, Éditions Paulines, 1988, p. 91.
37. JEAN-PAUL II, *op. cit.*, p. 92.
38. JEAN-PAUL II, *op. cit.*, p. 90.

Sans minimiser l'importance du partage et de l'accueil, il existe pour les Églises locales et leurs communautés une responsabilité de critiquer la société et d'y faire advenir des rapports plus humains, plus fraternels entre ses membres. Cela implique de toucher aux règles du jeu social, donc de faire de l'économie et de la politique. Ces activités humaines sont aussi objet de salut.

Il ne s'agit pas seulement d'intervenir sur les grandes politiques nationales, dans les ligues majeures, mais aussi au quotidien et à petite échelle. Combattre les préjugés et exclusions sociales en prenant parti pour les exclus de toutes sortes dans nos réseaux de relations, c'est faire œuvre de justice. Prendre parti en faveur de l'immigrant, de l'amérindien, du sidéen, de l'homosexuel, du Noir ou de l'Asiatique, de la femme violentée, de l'assisté social, du jeune punk et de leur dignité, c'est s'exposer aux critiques, à l'antipathie et même à l'opposition déclarée. Car c'est confronter des visions étroites et rassurantes, des intérêts parfois bâtis sur le dos des plus vulnérables socialement.

Cela ne concerne pas seulement les croyants pris individuellement mais toute l'Église. Si cette dernière s'organise efficacement pour le dépannage, pourquoi n'aurait-elle pas à s'organiser aussi pour mieux comprendre ce qui se passe dans la société, développant le jugement et le sens critique de ses membres, le sens du discernement entre l'esprit de l'Évangile et un certain esprit du monde. Nous aurions alors une communauté de croyants adultes, informés, autonomes et conscients de leurs responsabilités sociales.

Être disciple

L'aventure humaine est dure mais fantastique. Être disciple de Jésus est exigeant mais passionnant.

Être chrétien, ce n'est pas juste croire en Dieu ou à Quelqu'un de bien qui doit bien exister quelque part là-haut. Ce n'est pas non plus croire en soi-même, bien que cela en soit une conséquence, ou en quelque force ou lumière intérieure. Être chrétien c'est avoir été saisi par Jésus-Christ, et être conduit par son Esprit. C'est entrer dans un rapport d'intimité avec Lui, avec son Dieu. C'est Le suivre aujourd'hui sur les chemins qu'il a parcourus, avec notre personnalité et nos couleurs, mais dans le même Esprit d'Amour qui l'habitait.

Être chrétien, c'est être témoin que Jésus, le Ressuscité, est bien vivant et agissant aujourd'hui dans notre monde. C'est donc, à sa suite, s'incarner, s'enfoncer dans l'épaisseur du monde, dans son histoire, comme un levain dans la pâte. C'est assumer dans notre chair, comme Lui, les immenses soifs de dignité et de liberté, d'amour et de justice qui travaillent l'humanité. C'est participer corps et âme à l'accouchement du monde nouveau qui se poursuit et se prolonge depuis bientôt 2000 ans.

Bien sûr, par notre propre histoire personnelle, nous sommes englobés dans cette gigantesque opération de libération de l'humanité. Jésus, le Christ, nous invite à y prendre une part plus consciente et plus engagée, à sa suite. D'expérience nous voyons qu'il y a des forces et des personnes qui résistent et s'opposent à ce projet de Dieu d'humaniser les humains dans le sens de la vie, de l'amour, de la solidarité, de la dignité et de la justice. Des forces d'attraction et de fascination pour la mort, le mépris, la domination, le mensonge, l'aliénation de soi-même. Les violences et drames de l'histoire sont à la mesure des enjeux. Chacun doit choisir son camp. Il n'y a pas de place pour les abstentions et la tiédeur.

D'où l'importance de bien préciser où l'on met les pieds et à quoi l'on s'engage quand on devient disciple de Jésus. On n'entre pas dans un club social aux exigences minimales. C'est un engagement aux répercussions profondes dans nos vies, à prendre à un âge où la conscience est en mesure de se lier librement. C'est une option de vie fondamentale qui s'articule et s'approfondit tout au long de notre vie et qui demande plus de lumière sur ses exigences. Ce que cherchent à faire d'ailleurs de nombreux mouvements de ressourcement spirituel et d'engagement social, ainsi que certains pasteurs.

Suivre Jésus sur des chemins périlleux

Jésus s'est plusieurs fois retiré à l'écart pour prier. Il a même passé une bonne partie de sa vie dans l'ordinaire du travail et de la vie familiale. Mais lorsqu'il a plongé dans la société, ses engagements sociaux ont pris une grande part de ses activités. Il a beaucoup marché sur les routes et dans les champs, visité villes et villages de son pays, fréquenté aussi les «routes sociales» méprisées, malfamées ou interdites des exclus et des jugés. Par ses fréquentations et ses remises en question, il a pris des positions sociales, religieuses et politiques. Positions audacieuses d'un homme souverainement libre face à tous les pouvoirs qui ont vite compris qu'il vallait mieux s'en débarrasser.

Il n'est guerre commode ni rassurant d'emprunter ces routes raboteuses et mal éclairées. Pourtant il est essentiel pour l'Église d'ici de s'y engager davantage. Essentiel de former et entraîner ses membres à s'y aventurer. Les résistances et les peurs devant ces défis, devant tant d'enjeux de justice et de drames sociaux, devant leur ampleur et leur complexité, sont si grandes qu'il est nécessaire de s'épauler en communauté, qu'il est nécessaire de s'outiller, de s'associer à des réseaux expérimentés et de mettre à contribution des personnes-ressources.

Pour devenir de véritables humains, ouverts, compatissants et solidaires, comme pour devenir d'authentiques disciples de Jésus, on ne peut passer à côté de ces routes, on ne peut esquiver indéfiniment ces appels de l'Esprit. C'est dans ces creusets que l'amour, la foi et l'espérance s'affermissent, que les cœurs de pierre deviennent des cœurs de chair. C'est tout le sens de la parabole des talents (*Mt* 25, 14-30), qui loue les serviteurs qui investissent. Si je cache ma foi et enferme ma compassion plutôt que de les risquer dans le monde, de les investir, elles ne pourront porter du fruit. Alors que si je les expose et engage dans les drames humains, les enjeux sociaux, elles porteront des fruits (des intérêts) de justice et de libération.

S'exposer et devenir vulnérable, compatir et être solidaire des exclus ne sont pas des chemins à la mode dans notre monde. Ce sont des chemins de folie et de scandale pour les puissants et les sages, mais aussi très souvent pour le citoyen ordinaire. Leurs héros ou modèles, via le cinéma et les jeux vidéo sont d'un tout autre ordre. Ce sont en général des justiciers ou conquérants violents, arrogants, dominateurs, durs et machos qui carburent à la vengeance. Rambo, Batman, Robocop, Judge Dread, le Terminateur pour le cinéma. «Street Fighters» et «Mortal Kombat», pour les jeux vidéo, sont les prototypes de l'aliénation humaine à l'américaine ou à l'occidentale. Des folies comme l'attentat d'Oklahoma City y trouvent leur rationalité sinon leur inspiration. L'Évangile est vraiment à contre-courant de cet esprit du monde.

Déplacements physiques et théologiques

C'est un véritable déplacement, un retournement, physique et théologique, qui est à vivre en Église. Nous avons des yeux pour voir et des oreilles pour entendre... Nous avons des entrailles pour «être touchés» et des pieds pour déménager. Déménager physiquement en sortant de chez soi, de son bureau, de son quartier, de son église, pour aller voir le monde, pour fréquenter des lieux inconnus, des réseaux d'exclus et de marginalisés sociaux, pour voir et comprendre le monde de leur lieu, de leur point de vue. Alors tout notre horizon chavire et l'on s'étonne de ne pas y être allé plus tôt. Ainsi se sont déplacés Moïse, Jésus et même Bouddha.

Déménagement théologique aussi. Depuis tant d'années que nous «voyons» et «comprenons» Dieu de la même façon, de la même place, familière, habituelle. Depuis si longtemps qu'on entend parler de Jésus et qu'on le voit au cinéma. On le connaît bien.

Il ne nous étonne plus. Il ne nous dérange plus: il est le Jésus qui ne fait que du councelling pastoral individuel, au point qu'on oublie dans quel monde il vivait, dans quelle société avec ses aspirations et ses injustices sociales. Alors déménageons notre site d'observation sur les situations sociales d'ici, les injustices et luttes de pouvoir, les discriminations et exclusions de tout accabit d'aujourd'hui, pour le voir autrement, pour voir comment il a réagi et pris parti dans celles de son temps.

Le film «Jésus de Montréal» est un bel exemple du changement de compréhension produit par les changements d'angles

Lorsqu'on appartient à la classe moyenne ou riche, on possède bien des choses: biens matériels, sécurité et bien-être, instruction et connaissances, fréquentations professionnelles et politiques, réputation et discours correspondant sur la société, les pauvres et les autres. Cela constitue tout un univers avec son langage, ses images mentales, ses valeurs, ses priorités, ses règles de conduite, ses points de vue sur l'univers des exclus. La culture de notre classe nous marque, nous conditionne profondément, beaucoup plus qu'on pense.

Ces deux classes sociales sont celles qui administrent les services sociaux et en partie les organisations de charité. Comment peuvent-elles comprendre, évaluer et juger les besoins et comportements des pauvres et des exclus si elles n'ont jamais mis les pieds dans leur univers avec leur langage, leurs priorités, leurs points de vue? Pourquoi décideraient-elles de déménager et de prendre des risques si elles ont le seul bon point de vue (scientifique) et les bonnes réponses? Ce n'est pas pour rien que Jésus a aussi changé de place pour laver les pieds de ses disciples à son dernier repas avec eux (*Jn* 13). C'est du point de vue des serviteurs, des exclus de la table commune que l'on comprend vraiment ce qui ne va pas. D'où la nécessité de visiter l'autre dans tout son univers pour le comprendre et sortir de notre cocon culturel.

Il y a plein de femmes et d'hommes de bonne volonté qui se sont déplacés ainsi. Ils sont allés, à cœur ouvert, s'exposer et marcher avec les blessés, les mourants, les condamnés et les torturés. Je pense ici en particulier au docteur Clément Olivier et à sa marche courageuse de compagnonnage avec les personnes atteintes du sida, du mépris et du désespoir. J'ai été bouleversé par sa simplicité, son humilité et sa compassion. Son déplacement à proximité des mourants, avec son cœur compatissant, lui a permis de voir l'être, la dignité, la grandeur et la lumière habitant ces personnes, à travers leurs corps défaits, leurs angoisses et les montagnes de jugements moraux les écrasant. Une telle beauté d'humanité et de telles rencontres en vérité, exprimées si intensément dans son livre *L'amour assassin,* sont des invitations pressantes de l'Esprit à prendre la rue au plus tôt.

On trouve d'autres signes d'espérance chez ces nombreux chrétiens et chrétiennes qui marchent simplement mais d'un pas ferme sur des chemins de justice, dans les mouvements d'Action catholique, dans les maisons de quartier, dans les organisations de défense des droits humains, dans Développement et Paix, dans les organismes communautaires, dans des syndicats, dans Jeunesse du Monde, dans l'Action des chrétiens pour l'abolition de la torture (ACAT).

D'autres chrétiens s'aventurent jusque dans les bas-fonds des bidonvilles, de la torture et des meurtres des enfants de la rue au tiers-monde. Dieu lui-même s'y étant aventuré en Jésus, pour comprendre de l'intérieur ce qu'est la torture, pour la vivre dans son corps en mourant torturé sur une croix. Malgré l'horreur des camps de concentration, dont on vient de faire mémoire 50 ans après leur mise au grand jour en Allemagne nazie, des hommes de pouvoir, pour dominer et soumettre leur peuple, torturent encore systématiquement dans plus de 80 pays, en toute impunité et avec la collaboration de nombreuses institutions sociales (police, armée, justice, prison).

La moisson est abondante et le besoin d'ouvriers et d'ouvrières urgent. Où sont les disciples de Jésus?

Et le Dieu de Jésus-Christ entend, voit, s'indigne et répond en envoyant une multitude d'hommes et de femmes se lever, protester et s'interposer au risque de leur vie. Il en suscite d'autres pour les appuyer et dénoncer les tortionnaires qui s'abrillent du manteau de la justice et de la piété. Les violences insupportables perpétrées dans l'impunité et l'arrogance tirent à leur fin. Ce n'est pas évident car «avant l'arrivée de l'aube il fait souvent très noir», me disait le peintre Michael C. Wong lors d'une interview pour présenter sa participation à un livre d'art sur la torture réalisé par l'Action des chrétiens pour l'abolition de la torture.

Que l'Église se laisse interpeller par les drames de notre monde, comme par ses espoirs. Qu'elle se laisse pousser par le vent de l'Esprit sur les chemins périlleux d'une humanité en lambeaux pour y brûler de compassion et y reconnaître, caché humblement, avec les blessés, les humiliés, les torturés, Celui qu'elle aime passionnément.

Bibliographie

AURENCHE, G., *Avocat de l'espérance*, Paris, Centurion, 1994.

BARONI, L. et DUROCHER, A., *Le défi de l'intervention*, Pistes d'action socio-pastorales*, Montréal, Fides, 1995.

BAUM, G., *Compassion et solidarité**, Montréal, Bellarmin, 1992.

BOFF, C., PIXLEY, J., *Les pauvres, choix prioritaire*, Paris, Cerf, 1990.

CALVEZ, J.-Y., *Foi et justice, la dimension sociale de l'évangélisation*, Paris, Desclée de Brouwer, 1985.

CALVEZ, J.-Y., *L'Église devant le libéralisme économique**, Paris, DDB, Coll. Petite encyclopédie du christianisme, 1994.

COALITION ROMERO, *El Salvador*, un peuple crucifié témoin de sa foi*, Éditions Paulines, 1990.

COLLECTIF, *L'appauvrissement au Québec**, Montréal, Conférence des Religieux et Religieuses du Canada section Québec, 1987.

COLLECTIF, *La justice sociale comme bonne nouvelle, messages socio-économiques et politiques des évèques du Québec, 1972-1983*, Montréal, Fides, 1983.

COLLECTIF, *Risquer l'avenir, bilan d'enquête et prospectives*, Montréal, Fides, 1992.

COLLECTIF, *Synthèse du document de Puebla**, Ottawa, Conférence des évêques catholiques du Canada, 1979.

COLLECTIF, *L'option pour les pauvres menacée**, Santo Domingo 1992, Fides, 1992.

COLLECTIF, *Seul ou avec les autres? Le salut chrétien à l'épreuve de la solidarité*, Montréal, Fides, 1992.

COLLECTIF, «Le pouvoir caché, le Québec cassé en deux», dans *Relations*, n° 559, avril 1990, p. 71-86.

COLLECTIF, «Une démocratie cassée en deux», dans *Communauté chrétienne*, vol. 2, no 14, octobre 1991, p. 7-20.

CÔTÉ, G., *Le combat d'une espérance têtue**, Éditions Paulines, 1993.

DURAND, A., *J'avais faim...**, *une théologie à l'épreuve des pauvres*, Paris, DDB, 1995.

ECHEGARY, H., *La pratique de Jésus, essai de christologie*, Paris, Le Centurion, 1984.

FORTIN, D., *Riches contre pauvres, deux poids deux mesures*, Québec, Éditions Autogestionnaires, 1988.

HENRIOT, P., *Option justice**, *une exigence d'authenticité évangélique*, Éditions Paulines, 1994.

HOLLAND, J., HENRIOT, P., *Comprendre la société, outils d'analyse pour unir foi et justice*, Bruxelles, Vie Ouvrière, 1990.

JALBERT, L. et BEAUDRY, L., *Les métamorphoses de la pensée libérale, sur le néo-libéralisme*, Sillery, PUQ, 1987.

JEAN-PAUL II, *Sollicitudo rei socialis*, Montréal, Fides, 1988.

JEAN-PAUL II, *Le centenaire de Rerum novarum*, Montréal, Fides, 1988.

LANGLOIS, R., *S'appauvrir dans un pays riche*, Éd. Albert Saint-Martin et CEQ, 1990.

LÉPINE, L., *Nos sœurs oubliées, les femmes dans la Bible*, Éditions Paulines, 1990.

MERLO, J., *Une expérience de conscientisation par enquête en milieu populaire*, Paris, L'Harmattan, 1982.

MESTERS, C., *Un projet de Dieu**, *la présence de Dieu au milieu du peuple opprimé*, Éditions Paulines, 1989.

MYRE, A., *Scandale!* Jésus et les pauvres*, Éditions Paulines, 1993.

NOLAN, A., *Jésus avant le christianisme*, Paris, Éditions Ouvrières, 1979.

NOLAN, A., *Prendre parti**, Montréal, Développement et Paix, 1979.

NOLAN, A., *Service du pauvre et spiritualité**, Montréal, Développement et Paix, 1979.

OLIVIER, C., *L'amour assassin*, Stanké, 1994.

PAIEMENT, G., *Pour faire le changement, guide d'analyse sociale*, Ottawa, Novalis, 1990.

ROSAN VALLON, P., *Le libéralisme économique, histoire de l'idée de marché*, Paris, Seuil, Coll. Point politique, 1989.

ROSAN VALLON, P., *La nouvelle question sociale, repenser l'État-providence*, Paris, Seuil, 1995.

Les volumes marqués d'un astérisque (*) ont une centaine de pages et sont plutôt de lecture abordable. *Le défi de l'intervention* est un guide pratique particulièrement concret et pertinent pour renouveler sa pratique pastorale.

Table des matières

Collection
CAHIERS D'ÉTUDES PASTORALES

Publiés sous la direction de la section des études pastorales,
Faculté de théologie, Université de Montréal

Direction:
Jean-Guy Nadeau

Comité de direction:
Denise Bilodeau, Jean-Marc Gauthier,
André Charron et Lise Baroni

Cette collection veut suivre de très près la réalité mouvante de l'action pastorale dans notre milieu et ailleurs. Elle veut ainsi accueillir divers types de recherches individuelles ou collectives, susceptibles d'apporter un regard critique, d'ouvrir des pistes d'interprétation et de prospective pour rendre toujours plus pertinentes les multiples interventions pastorales.

1. En collaboration, sous la direction de M. Campbell et de Guy Lapointe, *Relations clercs-laïcs. Analyse d'une crise.*
2. Blandine Asselin, *Les filles-mères. Vivre à force de naître.*
3. En collaboration, sous la direction de Guy Lapointe et de Christian Saint-Germain, *L'initiation sacramentelle des enfants. Étude de la politique de l'Église du Québec.*
4. En collaboration, sous la direction de Jean-Guy Nadeau, *La praxéologie pastorale: orientations et parcours*, t. 1.
5. En collaboration, sous la direction de Jean-Guy Nadeau, *La praxéologie pastorale: orientations et parcours*, t. 2.
6. En collaboration, sous la direction de Jean-Guy Nadeau, *L'interprétation, un défi de l'action pastorale.*
7. Bertho Tremblay, *Les Alcooliques Anonymes, une analyse pastorale*, préface de Jean-Guy Nadeau.
8. En collaboration, sous la direction de Camil Ménard, *L'intervention pastorale. Recherches et analyses.*
9. En collaboration, sous la direction de Guy Lapointe, *La pastorale en milieu de santé: une question de crédibilité?*

10. En collaboration, sous la direction de Jacques GRAND'MAISON, *Le drame spirituel des adolescents. Profils sociaux et religieux.*

11. En collaboration, sous la direction de Jacques GRAND'MAISON, *Vers un nouveau conflit de générations. Profils sociaux et religieux des 20-35 ans.*

12. En collaboration, sous la direction de Jacques GRAND'MAISON et de Solange LEFEBVRE, *Une génération bouc émissaire. Enquête sur les baby-boomers.*

13. En collaboration, sous la direction de Jacques GRAND'MAISON et de Solange LEFEBVRE, *La part des aînés.*

14. En collaboration, sous la direction de Jean-Marc CHARRON et de Jean-Marc GAUTHIER, *Entre l'arbre et l'écorce. Un monde pastoral en tension.*

15. En collaboration, sous la direction de Jacques GRAND'MAISON, de Lise BARONI et de Jean-Marc GAUTHIER, *Le défi des générations. Enjeux sociaux et religieux du Québec d'aujourd'hui.*

16. Marthe DUHAIME, *Pastorale du baptême et visite à domicile.*

17. Gérard LAVERDURE, *Du dépannage à la justice sociale.*

Achevé d’imprimer à Beauceville